走入戰火邊界，我所見的一切

鄭雨盛，與難民相遇

鄭雨盛 著
胡椒筒 譯

내가 본 것을
당신도
볼 수 있다면

推薦序

初次與鄭雨盛先生見面是在二〇一六年，當時他初任聯合國難民署（UNHCR）親善大使。那一年，因內戰被迫離開敘利亞的難民人數就已超過五百萬人，許多人踏上穿越地中海、前往歐洲的危險旅程，難民的艱困處境也因此受到國際關注。

親善大使鄭雨盛曾造訪的黎巴嫩，雖然是一個小國，卻收容了將近一百萬名敘利亞難民。他的到訪，使國際社會開始注意到包括黎巴嫩在內的鄰近國家及地區對難民的包容，同時也讓世界看到這些地區在擔負這項艱巨任務時所需的國際援助。

鄭雨盛先生出訪黎巴嫩後，又來到位於日內瓦的聯合國難民署，表達對全世界遭受內戰、被迫離開家園的難民的深切擔憂，也向現場的難民署工作人員表達敬意。鄭雨盛先生的無私奉獻與責任感給了我極大的啟發，我很高興他能參與聯合國難民署的活動，成為我們的一份子。

緬甸、委內瑞拉、葉門和南蘇丹等地的危機仍在持續，被迫離開家園的人數不斷增加。其中一部分人為了尋求安全和重拾生活的機會，選擇踏上了旅途，這樣的旅程，有時會把這些人帶往像是韓國這種遠離大規模紛爭的地區。

二〇一八年，鄭雨盛親善大使向韓國人民介紹了難民問題，肩負起重要角色；面對葉門難民抵達濟州島後引發的巨大爭議，他也挺身而出。為了維護和保護難民的原則和價值，他所表現出的勇氣、奉獻和責任感，非常令我敬佩。

今日，紛爭不斷重演，甚至愈演愈烈，狹隘的想法持續擴散，世界各地對難民和移民的看法出現了歧異。此時此刻，保護難民的原則比任何時期都更為重要。

從過往幾十年的經驗我們了解到，難民問題需要國際社會的合作、分擔責任，採取具原則性、現實考量的因應措施，就能充分解決。若有適當的政策和支援，難民不但能為收容國家的經濟和社會貢獻力量，最終也能重返家園，運用專業重建他們的母國。

鄭雨盛和為難民問題奔走的人們所付出的行動，不僅能把難民的困境傳達給外界，還可以為提升大眾對難民潛力的認知，影響深遠。過去五年來，鄭雨盛與聯合國難民署一起出訪了尼泊爾、南蘇丹、黎巴嫩、伊拉克、孟加拉、吉布地和馬來西亞，令我相當感動。希望讀者可以好好閱讀他的故事，並從他的見聞中獲取為自己所屬的社會、以及為國際難民發聲的勇氣。

菲利普．格蘭迪（Filippo Grandi）

聯合國難民署高級專員

Foreword

I first met Woo-sung in 2016, in his capacity as Goodwill Ambassador for UNHCR. In the course of that year, the number of refugees who had fled the conflict in Syria had passed the five million mark, and many had embarked on dangerous journeys across the Mediterranean to Europe, propelling the plight of refugees into the international spotlight.

Woo-sung's visit to Lebanon, a small country that has received almost a million Syrians, helped draw attention to the generosity of refugee-hosting countries and communities neighbouring Syria, and the need to step up international support to help them shoulder this enormous responsibility.

Stopping by our Headquarters in Geneva after his visit, he shared his deep concern about the plight of refugees and others uprooted by conflict and persecution around the world, as well as his admiration for the UNHCR teams on the ground. I was deeply impressed by his dedication and commitment, and pleased to have him as one of our advocates.

Today, the number of people forcibly displaced around the world continues to grow, fueled by crises in countries such as Myanmar, Venezuela, Yemen and South Sudan. Some 68.5 million people are now displaced across borders as refugees, or within their own countries-a record number.

The vast majority of the world's refugee-some 85% remain in countries neighbouring their own. Some, however, embark on desperate journeys in search of safety and the chance to rebuild their lives-journeys which lead them to countries which are relatively remote from the world's major conflict zones, such as South Korea. In 2018, Woo-sung played an important role in raising awareness of the refugee cause amongst people in his own country, including in relation to the arrival of Yemeni asylum-seekers in Jeju Island, which had sparked considerable public debate. Then, as now, I admired his courage, dedication and commitment to the principles and values of solidarity and protection for refugees.

Today, these principles are more important than ever, as conflicts recur and deepen, intolerance in on the rise, and the public debate around refugees and migrants has become more divisive in many parts of the world. Over the decades, experience has shown that refugee flows can be managed through principled, yet practical approaches, founded on international cooperation and responsibility sharing. With the right policies and support in place, refuges have the potential to contribute to the societies and economies of the countries hosting them-and develop skills and expertise that can eventually help them rebuild their own countries when they are able to go back home.

The work of Woo-sung, and other prominent supporters of the refugee cause, is vital in raising awareness of the plight of refugees, and also their potential. His journey with UNHCR, which has taken him to many refugee situations around the world over the past 5 years, including Nepal, South Sudan, Lebanon, Iraq, Bangladesh, Djibouti and Malaysia, is truly inspirational. I hope you will enjoy his story-and also be encouraged to take action in solidarity with refugees, in your own community and globally.

Filippo Grandi
United Nations High Commissioner for Refugees

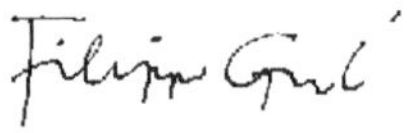

目錄

내가 본 것을
당신도
볼 수 있다면

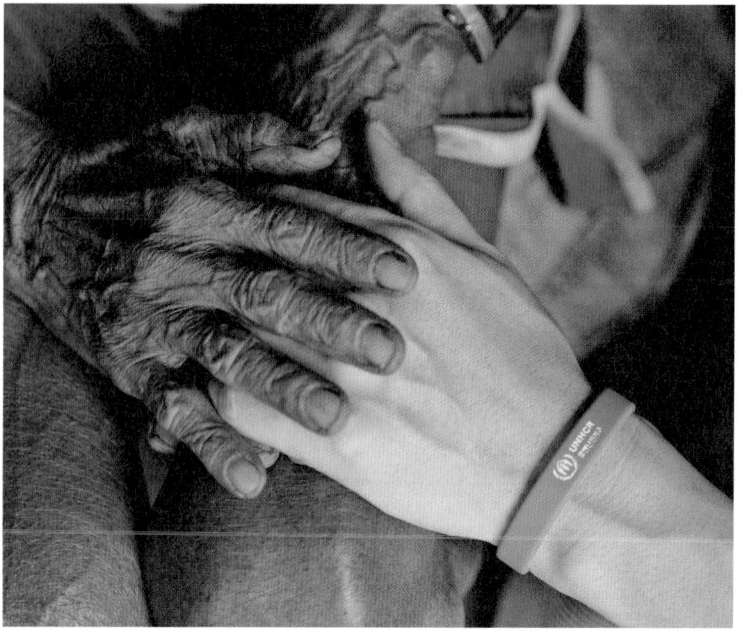
UNHCR

作者序

二〇一八年五月，當為了躲避母國內戰而來到濟州島的葉門難民正式引發媒體關注後，韓國社會才熱烈討論起難民問題。

我原本打算累積一些在聯合國難民署的經驗後，再出版這本書，沒想到會是在這種情況下，將這本書呈現給大家。

我自認從二〇一四年開始一直努力參與活動至今，但身邊真正了解聯合國難民署或知道「UNHCR」這個組織的人，卻少之又少。這也證明了難民問題和聯合國難民署的活動，多少與我們的日常生活存在著距離。

因此，面對突然來到濟州島的五百多名葉門難民，韓國社會感到震驚也是充分可以理解的。而我身負聯合國難民署的任務，走訪世界各地的難民營時也會捫心自問：「韓國社會真的能容納這些人嗎？我們能處理這些問題嗎？」

無論是誰，只要在難民營親眼見到那些難民，親耳聆聽他們的故事，就不會對於「幫助他們」這件事，和聯合國難民署所扮演的角色心存疑慮，但並不是每個人都有這樣的機會。從這一點來看，我很幸運能夠見到他們，並擴充了自己對難民和難民問題的認知。對我而言，維護難民的人權、給予他們人道援助，已經是毋庸置疑的命題。

但我知道，自己能擁有這樣的確信是因為擁有難得的經歷，也有過一段充分的時間去感受，我告誡自己，不該把這種想法輕率的強加於他人。我們現在需要的是彼此能充分交流，所以我希望這本書，可以成為交流的一部分。

身為聯合國難民署親善大使的我，走入難民營，最主要的工作是「傾聽」。聽完現場工作人員講解後，我會走入現場，實地傾聽住

在那裡的難民的故事。雖然看似重複，我卻從未覺得乏味，因為每一個故事都有著難以衡量的重量。

在伊拉克難民營遇到的侯達讓我記憶猶新，她是一個半張臉被嚴重燒傷的少女。我在難民營時，她總是跟在我身邊，走路時還會緊緊握著我的手。雖然我們因語言隔閡無法直接溝通，但她溫和而又堅定的眼神彷彿在向我訴說：「您無需憐憫我，即使有些不便，但在這裡還是可以生活下去。我相信明天會更好，但有一件事想要拜託您，不只是我，也請您不要忘記這裡所有人經歷的一切，而且一定要傳達給外面的世界。」

每次從難民營回來，我都會思考要怎麼做才能把我的經歷和聽到的故事確實傳達出去。雖然曾透過媒體採訪介紹了當地的情況，但我始終覺得不夠充分，所以希望藉由這本書，稍稍彌補一下不足之處。

接下來，我將訴說自己以聯合國難民署親善大使的身分參與活動時遇到的人，以及他們的故事。希望藉由這些故事讓大家明白，難民是和我們一樣的平凡人，他們只不過是身處在不尋常的狀況下而已。

本書獻給那些至今仍在困境中艱苦生活的難民，以及那些為了解決難民問題而付出努力的人們。

二〇一九年六月

聯合國難民署親善大使、演員

鄭雨盛

UNHCR

RONALDO
JR

前言

二〇一四年五月十五日，我與聯合國難民署韓國辦事處簽署了名譽大使（Honorary Advocate）的任命書。聯合國難民署韓國辦事處成立於二〇〇一年，這是他們首次任命藝人為名譽大使。

多年來，我一直心存幫助他人的想法，但都只停留在一個意念模糊的階段，所以最初接到聯合國難民署的提議時，我有些驚訝，那麼多人之中，為何偏偏挑中了我？

我沒有花很多時間思考就答應了，但說實話，與其說是找到什麼正當的名分，其實是找不到可以拒絕的理由。是啊，如果現在不身體力行，那要等到何時呢？於是我答應了他們。後來聽說，聯合國難民署也沒料到我會這麼快就同意他們的提議。

無力反抗，只能選擇離開的人們

一九八六年，那時我還是國中生，住在首爾舍堂洞的月亮村[1]。某天，我看到怪手從下面的村口開始拆毀一間又一間的房子，並且逐漸往山頂推進。後來聽說這是政府實施的景觀淨化政策，因為漢城奧運眼看就要舉行，政府不想讓外國人覺得市容難看，所以乾脆將簡陋的木板房拆個一乾二淨。不光我們這一區，其他區也是如此。長大後才知道不只是韓國，其他國家也有這種事情發生。

說到都更區域，或許有人聯想到的場景是一群都更黑幫找上門，推倒圍牆、砸碎玻璃，原居民上前哭喊阻止，但我所經歷的狀況並

1 月亮村（달동네），指韓國貧窮的社區。因房屋建在山頂，相對平地而言距離月亮更近，因此得名。

非如此。我們是一群無力反抗的人，村子下方的人已經大鬧過一場了，他們至少還是有能力反抗的人，因為越沒有能力的人，越是住在高處。

下面的都處理好了，我們上面的能做的就只有在高處等待。因為無處可去，只好能撐多久就住多久。電被停了後，水也馬上斷了，推倒其他屋子的怪手最終還是推倒了鄰居家的圍牆。當我沿著被搗毀的圍牆看到小巷子的瞬間，有一種被人剝光了衣服、赤身裸體的感覺。

最終我們離開了，但新搬去的地方還沒住多久，又出現了怪手。當時我覺得整個世界都在欺負我們，也感到在這種情況面前無能為力的自己很丟人。

還等什麼？不是說成功後要幫助別人嗎？

自從成為演員、能養家糊口後，我還是時而會想起那段日子，心裡始終惦記著「等我成功後要幫助別人」。我也想過不如成立一個基金會，還自顧自的先取了一個名字叫「愛孩子基金會」」（아이재단），「아이」韓語的意思是「孩子」，發音類似英語的「I」，也像中文的「愛」。雖然名字取得很響亮，但不過就是一個跟朋友互相分享、互相幫助的計畫罷了。或許是覺得這個計畫太簡單了，又或者是覺得這是要等我獲得更大的成功後才能做的事，總之，後來我以忙碌為由，就把這個夢想拋到了腦後。

聯合國難民署的提議就像在對我說：「你還在等什麼？不是說成功之後要幫助別人嗎？連基金會的名字都取好了，可你現在在做什麼？」

參與難民援助活動不是問題，我真正擔心的是：自己真能做好這件事嗎？我真能勝任嗎？參與聯合國名下的國際活動實在是任重而道遠，我不想徒具虛名卻不付出行動，不希望因自己的本業忙碌就疏於參與。既然答應了，就要認真去做。

從聯合國難民署了解到的實情

其實在接受提議的當下，我對難民並不是很了解。在正式開始前，我先查了一些資料，不禁大吃一驚。全世界竟有超過四千五百萬人因戰爭導致強制遷徙，陷入需要保護的困境。而根據我找到的最新統計數字，已經快達到七千萬人。七千萬人，這相當於泰國的總人口，甚至超過了英國和法國的人口。此外，在我參與活動的五年間，需要聯合國難民署保護的人數足足增加了兩千五百萬人。兩千五百萬人，這相當於北韓人口的規模了，而且這些人多半都是兒童、女性和老人。這些相當於一個國家規模的人口，就這樣在毫無保護的情況下被丟棄在世界上。而聯合國難民署的存在，就是為了保護這些人。

在此有必要說明一下聯合國難民署這個組織，以及他們所保護的對象。雖然我參與聯合國難民署的活動已經五年，但我發現身邊幾乎沒有人真正了解這個組織。我也自省這是我要更努力去宣傳的事，但要真正理解，確實存在一些難度。

聯合國難民署的正式名稱是聯合國難民事務高級專員辦事處（The office of the United Nations High Commissioner for Refugees, UNHCR），由於名稱過長，也會縮寫成 The UN Refugee Agency，韓國則翻譯為成聯合國難民署。

聯合國難民署於一九五〇年在聯合國大會上宣布成立，一九五一年一月一日正式展開工作，主要是為了幫助因第二次世界大戰流離失所的數百萬難民。起初是三年的臨時計畫，但隨著全世界不斷出現新的難民，工作時間不斷延長至二〇〇三年，並通過聯合國大會設立為常設機構。原以為三年的時間足以解決二戰後的難民問題，但事實證明，難民問題一直延續至今。

難民？保護對象？

有關「難民」的定義也略顯複雜，基本來說，難民指「因種族、宗教、國籍、特殊社會團體成員或政治見解，而有恐懼被迫害的充分理由，置身在原籍國領域外不願或不能返回原籍國或受該國保護的人」，以及「因紛爭或持續的轟炸被迫離開母國，無法返回的人」。

因上訴原因逃離自己的家園，但尚未跨越國界、仍留在母國境內者，在法律上不被視為難民，稱為「國內流離失所者[2]」（以下稱ＩＤＰ）；此外，即便跨越國界，也要透過一定程序才能獲得難民身分，這些等待獲得難民身分的人則被稱為「難民地位申請者」或「難民庇護申請者」。前述近七千萬的保護對象中，有近四千萬人是ＩＤＰ，符合嚴格定義的難民約有兩千萬人。

除了以上三種分類，還有重返母國的「返回者」，他們即使回到家園，但當地已遭受戰火破壞，無法立刻重返日常生活，仍需要保護和支援；在任何國家都無法獲得國籍的「無國籍者」；不屬於上述分類，但仍需要保護的「其他保護對象」，都屬於聯合國難民署的保護對象。因此根據不同情況，「難民」泛指以上的所有人。

2 Internally displaced person，簡稱ＩＤＰ。

原來我們都是難民的後代

對我們而言，難民問題的確有些許陌生。但稍微思考一下就會發現，我們其實也都是難民的後代。六二五戰爭[3]爆發，導致韓國出現超過六百多萬難民，從北韓南下，以及遊走在大街小巷、因戰爭失去雙親的孩子，都屬於前面提到的IDP。

事實上，六二五戰爭時，聯合國向韓國派遣了聯合國軍。聯合國考慮到韓國在沒有外界幫助下難以重建家園，於是成立了聯合國韓國重建機構（UN Korea Reconstruction Agency，UNKRA）來幫助我們，所進行的工作與現在的聯合國難民署針對難民和IDP的工作相似，除了重建或復原交通、通信、住宅、醫療和教育設置等方面，最主要的還是保護和支援因戰爭失去家園的IDP。

回溯歷史，在日帝強占期，國家遭到強奪，我們都成為失去祖國的難民。在日本的武力統治下，那些獨立運動家無法在朝鮮半島順利進行獨立運動，只能去往滿洲（今中國東北）、沿海州（今俄羅斯海參威）和上海等地。我們的祖先在異國他鄉得到中國人、俄羅斯人，甚至日本人的幫助。不管是上海的臨時政府還是在法租界內，倘若沒有法國警察的庇護，那些落在日本警察手裡的獨立運動家下場可想而知。我們能有今天，正是因為有這些素昧平生的外國人肯向我們伸出援手。

韓國的歷史背景也成為我更加關注難民問題的一個重要契機，我認為，如今已堂堂正正成為國際社會一份子的大韓民國，是時候該回報那些幫助了。

3 即韓戰。

生活在我們周遭的難民

其實，我們只是對難民這個詞感到生疏，但對於逃難、國內流離失所者、脫北者等處境相似的用語一定不陌生。戰爭的砲火和政權的鎮壓，矛盾與暴力，飢餓與疾病，其實想到那群在如此痛苦的情況下無奈離開家園的人們，去理解他們也就不是件難事了。

二〇一八年春天，五百多位難民申請者入境濟州島，震驚社會。其實韓國早在一九九二年便成為聯合國《難民地位公約[4]》的締約國，自一九九四年起陸續接收難民申請；二〇一三年，韓國成為亞洲首個頒布本國《難民法》的國家。根據法務部資料顯示，截止二〇一七年，難民申請人數累計為三萬二千七百三十三人。並以二〇一七年底為基準，已有一萬九千四百二十四人完成審核，其中七百九十二人獲得難民身分，一千四百七十四人獲得人道主義臨時滯留許可[5]。在葉門人登陸濟州島前，我們就已經向兩千多位難民張開雙臂了。

雖以二〇一八年六月為起點，反對收容難民的民間聲浪不斷，但仍有許多人表示不同的擔憂，而且民眾對聯合國難民署韓國辦事處的捐款反倒有增無減。這一點再次證明了大韓民國國民有著溫暖的愛心。

但就現實而言，難民增加的速度遠遠超過我們關心和援助的速度，所以希望能有更多人了解難民的困境，傾聽他們的聲音，向他

4 原始目的為處理第二次世界大戰後歐洲地區難民的保護，一九六六年通過「紐約議定書」，取消地域和時間限制，將保護範圍擴大至全球。此公約定義了難民、難民的資格及權利、以及提供難民庇護的國家應負的責任。為協助受母國壓迫者、難民、無國籍者尋求庇護的必要，只要持有依據該公約簽發之旅行文件，即可免簽證（visa-free）進行旅行遷徙。

5 雖不滿足「難民」條件，但被強制驅逐時，存在生命和身體遭到威脅的風險，因此允許其臨時在境內停留。

們伸出援助之手。

當然，從最根本的角度來看，比起保護和援助現有的難民，更重要的是避免再出現新的難民。為此，各國應當保障人權、維持和平，還有很重要的一點，就是我們必須對難民持有人性的理解，以及社會連帶（Social Solidarity）的集體意識，發自內心的關懷世界。

希望我的行動可以提供小小的幫助，喚起人們對難民的關注、理解和連帶意識。

UNHCR
The UN Refugee Agency

第一章

你，真的準備好了嗎？

2014 年 11 月　尼泊爾

徹夜未眠

二〇一四年五月，我成為聯合國難民署韓國辦事處的名譽大使後，最先做的就是拍攝宣傳片。令人欣慰的是，我擔任名譽大使的新聞和促請民眾關注難民的宣傳片播出後，引來比以往更多的關心。在世界難民日（六月二十日）將至之際，聯合國難民署韓國辦事處在首爾市民廳舉辦了展覽，我也親臨現場跟大家見面。

除了參與活動，我還抽空看了聯合國難民署提供的資料，也深入去了解難民問題。越是翻閱資料，越是產生想去當地看看、親身感受難民真實生活的想法。我認為只有如此，才能更真實地把他們的故事傳達給更多人。剛好，聯合國難民署韓國辦事處問我願不願意出訪位於尼泊爾的難民營。我沒有猶豫說不的理由。

出發尼泊爾的前一晚，我躺在床上，本以為身體的疲累很快就能讓我入睡，但翻來覆去就是睡不著，真是好久沒有那麼緊張了。仔細想想，除了第一次拍電影時，似乎再也沒有這樣緊張過了。一開始我也不懂自己怎麼會這樣，但沒過多久我便明白了——是害怕，其實我感到害怕。

你，真的準備好了嗎？你是抱持著什麼想法去尼泊爾的？你真的能勝任這份工作嗎？……種種問題在我的腦海裡盤旋，我甚至開始質疑自己，難道我沒有一絲想要炫耀以聯合國之名做善事的心態嗎？同時，我也很擔心自己會辜負了「名譽大使」這個頭銜。我幾乎整夜沒有闔眼，隔天就這樣搭上了去尼泊爾的飛機。

我的第一個現場任務，是由攝影師曹世鉉和聯合國難民署韓國辦事處的代表德克．海裴科（Dirk Hebecker）陪同。一下飛機，德克．海裴科在開往現場的車上不停講解著等下要去的難民營有幾位工作人員，他們負責什麼工作，曾與自己一起在哪些國家共事，難民營裡住著哪些難民……或許他是抱著教學的心態，希望能把更多知識傳授給我這個初次到訪難民營的新人吧。神奇的是，認真聽完他的講解後，我不再感到惶惶不安。

此次尼泊爾之行，不僅對我的難民營初訪有著很大的意義，也對於我理解聯合國難民署的特性和了解當地工作人員，有著深遠的影響。

抵達難民營前，我被德克．海裴科熱情洋溢的樣子深深吸引，心中暗自感嘆：「哇！這樣的人真是了不起！」等到了現場才發現，不光是他，所有人都和他一樣。每次出訪我都會再次感嘆：「原來世界各地有那麼多像德克一樣的人啊！」雖然也不應該把這些人過度神化或英雄化，但對於他們的奉獻和熱情，還是應該給予充分的鼓勵和肯定。

第一次來到難民營

眾所周知，尼泊爾位於有「世界屋脊」之稱的喜馬拉雅山脈，登山者常經由尼泊爾攀登包括聖母峰在內的險峻山峰，因而聞名，但我們對這個國家的了解卻不深。聯合國難民署在計畫尼泊爾之行時，告訴我會去見來自不丹的難民。不丹也是位於喜馬拉雅山脈的國家，但除此以外，我對這個國家一無所知。

從首都加德滿都（Kathmandu）到位於尼泊爾最東邊的達馬克（Damak），走陸路會耗費太多時間，只好搭飛機過去。達馬克的貝爾丹吉難民營（Beldangi Refugee Camps）和薩尼斯柴爾難民營（Sanischare Refugee Camps）主要是保護來自不丹的難民。他們是尼泊爾裔的洛昌人，原本生活在藏裔居多的不丹。一九九〇年，不丹國王實施了種族差別政策，將這些人驅逐出境，於是他們經由印度一路漂泊，最後定居在達馬克。

這裡的難民營建立已有二十餘年，最初到這裡的難民都生養了下一代，如今那些孩子也都有了自己的孩子，從難民營出去的人數已高達十二萬人。

目前生活在難民營的約有兩萬六千人，負責運作難民營的聯合國難民署尼泊爾辦事處分析不丹的政治現況，認為這些人很難再重返家鄉，於是開始推動幫助他們定居在第三國家的「安置計畫」（Resettlement Program）。透過這項計畫，他們幫助了九萬三千多位難民前往美國、加拿大、澳洲、紐西蘭、丹麥、荷蘭和英國等國，展開新生活。

在貝爾丹吉難民營，我第一次親眼看到他們生活的樣貌，雖然事先我已做好某種程度的心理準備，但當親眼目睹到難民的居住和飲食環境，還是驚訝得瞠目結舌。更令我吃驚的是，聯合國難民署的工作人員告訴我，這裡的難民營與其他地方的相比，條件已經算是好的了。難民營的運作得到尼泊爾政府援助，在聯合國難民署幫助下，難民們自食其力的開設了英語教育中心、兒童遊樂場、幼兒成長中心和女性交流場所等設施。

感動人心的歡迎式

難民營裡的青少年得知我們到訪的消息，特別為我們準備了一齣小小的舞臺劇，他們希望透過這齣舞臺劇讓我們了解自己的家人在不丹所受的苦，以及經歷了怎樣的過程來到尼泊爾。這些孩子沒有接受過正規的演技訓練，也沒有像樣的導演指揮，但從他們迫切想要表達內心的初衷來看，這無疑是一場無可比擬的優秀演出。

我從開始觀賞演出，一直到表演結束後、孩子們走下臺，都不禁感到胸口發悶。儘管這是看不到未來、看不到夢想、沒有任何保障的人生，但透過他們不放棄希望的模樣，我感受到這些孩子的純真和那種迫切之情。我眼前浮現自己第一次站在鏡頭前，和第一次聽到導演喊「卡，OK」時的畫面。

表演結束後，我跟孩子們一一擁抱，向他們表達感謝。其中一個少年說是我的粉絲，並告訴我，他的夢想也是當演員。我問他是什麼時候擁有這個夢想的，他說是在看了我演出的《我腦海中的橡皮擦》後。他還說，希望日後成功當上演員後能來韓國見我，我鼓勵他一定要說到做到。少年露出了燦爛的笑容，自信的點頭允諾。

事實上，對於生活在這裡的孩子而言，沒有什麼能夠保證的將來，別說當演員了，連離開難民營恐怕都很難。這些孩子說不定也認知到現實是一堵難以翻越的高牆，誰都無法保證那些夢想能否實現，但孩子們的心裡仍懷揣著各自的夢。

除了鼓勵他、答應他以後在韓國相見，我也沒有其他能做的了，但少年還是很感激我，他說我的這些話給了他莫大的力量。感謝。每次去到現場，我聽到最多的就是感謝。但我真有資格聽到這樣的話嗎？從某一刻開始，這個疑問就一直存在我的腦海裡，揮之不去。

離家二十年的老爺爺

聯合國難民署的工作人員帶我參觀難民營時，遇到了一位離家超過二十年的老爺爺，他熱情的歡迎我們。很多曾經和他一起住在難民營的人都已經用安置計畫去了其他國家，只有他一個人還留在這裡。因為他堅信死前一定能返回家鄉，為了等到可以返回家鄉的那一天，他決定哪也不去，就留在這裡。

我見他孤家寡人，於是小心翼翼地打探老奶奶是不是已經去世了。但跟我預想得不同，他告訴我老奶奶去治療所了。原先老奶奶身體不舒服，但就是不肯說，忍到最後受不了了才去治療所。老爺爺解釋，他們都是到這裡來的客人，不想給這裡的人添麻煩，所以就算生病也不肯說出來，都自己忍著。

這樣的人不只老奶奶，住在難民營裡的人十個就有三、四個身體不舒服。但別說接受正規治療了，就連及時拿藥都很困難，大部分人就算生病也無處可說。幸好現在老奶奶去接受治療了，但有許多無法及時接受治療的人，都很可能使病情加重。

在如此困境下，老爺爺還能熱情的歡迎我們，讓我內心充滿感激和歉意，以及更多難以言喻的複雜情緒。為了傳遞這些情感，我能做的就只有緊緊握住他的手。

連「難民」都無法成為的人

除了達馬克的兩個難民營，還有很多難民生活在尼泊爾。這些人除了來自不丹，也有很多來自接壤的西藏和緬甸，或是距離甚遠的巴基斯坦和索馬利亞，據悉這樣的難民約有四萬人。達馬克的難民營收容的不丹難民，和嘉瓦拉凱勒難民營（Jawalakhel Refugee Camps）收容的西藏難民，因獲得尼泊爾政府賦予的難民身分，處境相對好一些。但其他國家的難民無法獲得當地政府賦予的難民身分，就連官方的難民營都無法設立。這些人只能在加德滿都等城市流浪，以「城市難民」的身分艱苦的生活著。

嚴格來講，若無法獲得難民身分就不能被稱為「難民」。但在這些人之中還是存在需要聯合國難民署保護的人，如果沒有聯合國難民署，便沒有地方可以保護他們，更沒有地方可以證明他們的身分。聯合國難民署把這些人畫分在「其他保護對象」裡，對其進行保護。城市難民中，除了正式分類的「難民」和「難民地位申請者」，更多的是「其他保護對象」。這些居住在加德滿都的人，據推算約有六百五十人。因為無法獲取身分，沒有人敢僱用他們，就算他們找到工作，也不能辦理領取薪水的銀行戶頭。

我們都認為母國確保自己的身分是理所當然的，這種理所當然對某些人來說卻非如此。正因這些人無法受到母國的保護，才希望以難民身分獲得其他國家的保護。如果這些人連難民身分都無法取得，那這個世界上便沒有任何政府可以保護他們了。就算生病，他們也無法就醫，無法找工作，子女也無法到學校受教育。在現代社會的框架裡，若一個人失去國家的保護，就等於無法享受身而為人應獲得的最基本待遇。

由於連月的乾旱和一直持續的萬年雪融化等問題，加德滿都居民為了解決缺水問題已經吃盡苦頭。在這種情況下，去為那些住在小巷帳篷內、且不受任何國家保護的人提供飲用水，根本難上加難。

我在加德滿都遇到一個來自索馬利亞的少女。由於內戰，索馬利亞已成一片廢墟，少女和姊姊覺得國家再也看不到希望了，決定一起離開。父親好不容易找到可以幫助他們出國的人，但後來才得知那個人是利用難民賺取私利的掮客。姊妹倆跟隨掮客落腳後，才發現那裡是性交易村，姊妹倆成了被販賣的人口。後來，只有妹妹從性交易村裡逃出來，最後逃到尼泊爾，姊姊是被抓了回去、或逃去了其他地方就無從得知了。少女雖然歷經千辛萬苦到了加德滿都，她卻說，人生並沒有發生多大的改變。

了解即是開始

在回國的飛機上，我逐一回想過去幾日遇到的難民。雖然這趟四天三夜的行程很短，但每一瞬間都令我印象深刻，每一位難民都會留在我的記憶裡。

難民營的人們看到我都會露出爽朗的微笑，熱情的上前握住我的手，他們並沒有因為住在難民營而失去歡笑。在難民營裡見到的每個人，都促使著我去思考有關這個世界和人類的問題。

如果說見到難民讓我明白了什麼的話，那就是沒有人是自願走上難民這條路的，他們都是突然在某一天，迫不得已成為了難民。

只要你能親自去難民營、見到那些難民，我想誰都不會再對幫助難民和聯合國難民署存在的必要性心存質疑。但這種機會不是人人都能有，尤其是造訪難民營，就連專業的人權護衛者[6]也少有機會踏入。這對我無疑是莫大的榮幸，我必須牢記，並珍惜聯合國難民署給我的機會。

回到韓國幾天後，我在聯合國難民署韓國辦事處主辦的年末記者會上，向記者述說那位二十多年來仍期盼可以重返家園的老爺爺，還有那個夢想成為演員的少年，或許這些故事給記者留下了深刻印象，大家都寫了很多新聞報導。

那天在記者提出的眾多問題之中，有一個問題令我難以忘卻：「您覺得要改善地球上不斷湧現大批難民的現實問題，我們應該做些什麼呢？」這是很難回答但又無法避而不答的問題。我認為此次出訪難民營的首要任務，就是針對這個問題給出一個令人滿意的答案。

---

6 Human Rights Defenders，揭露侵犯人權的行為，並發起運動為受害者爭取權益者。

「我們應該去了解這些難民為什麼會遭受壓迫，他們又是冒著怎樣的生命危險跨越國境。我認為去了解這些，才是解決所有問題的第一步。」我謹慎地道出自己的想法。或許這樣的回答過於理所當然，但我認為解決問題的出發點，只有先關注問題。

從尼泊爾回來差不多過了六個月後，加德滿都發生了大地震。我驚慌的打給聯合國難民署韓國辦事處，確認在達馬克的難民營沒有遭受嚴重損失，但加德滿都仍經歷了一場慘絕人寰的浩劫，數十萬戶房屋坍塌，辦事處人員很擔心那些露宿街頭的難民會被強制遣返回母國或遭遇不幸。聽到他這番話，我的心也隨之變得沉重。

老爺爺希望重返故鄉，拒絕了安置計畫，
不肯離開距離國境最近的難民營，
我相當確定，他們想要的不過是「安逸的人生」。

這些難民讓我領悟到一件事：
比起今天的飢餓，
大家更擔憂的是明日的希望——
即下一代的教育問題。

第二章

從名譽大使到親善大使

2015 年 5 月　南蘇丹

二〇一五年四月，一艘載著難民的船隻在地中海翻覆、造成逾百人喪命。之後不到一個月，尼泊爾又發生大地震。我決定出訪南蘇丹也在這段時間。

非洲，初次見面

提到難民營，很多人會先想到敘利亞和伊拉克，但除了這些國家，還有很多我們不熟悉的地方，如之前出訪的尼泊爾，在難民數量與環境方面都面臨嚴峻考驗，而另一個亟需關注的地方就是南蘇丹。在聯合國難民署向我說明南蘇丹的現況，以及需要外界了解的必要性後，我表示只要能與那些有困難的難民見面，去哪都沒有問題。我一直都認為既然要做這件事，與其去一些已經被大眾熟知的地方，不如造訪鮮為人知、但同樣需要關心之處。

南蘇丹。我只聽過蘇丹這個國家，對南蘇丹感到很陌生，起初還以為南蘇丹就是指蘇丹的南部地區，查過資料後才知道，南蘇丹是二〇一一年從蘇丹獨立出來的新國家。南蘇丹獨立前，由於戰爭和內戰出現了大批難民，即便國家獨立後，紛爭依舊持續。內戰導致IDP有一百五十萬人，難民人數已經超過二十六萬兩千多人，成為聯合國難民署代表性的緊急救助地區。

這是我有生以來第一次去非洲。出國手續十分複雜，還要接種疫苗，因此我生平第一次去國立中央醫院接種了黃熱病和瘧疾等四種疫苗。加上南蘇丹仍處在內戰狀態，被列為旅遊特別警示國（不宜前往，宜盡速離境）。直到出國日期臨近，我們才終於獲得外交部的許可和簽證。

為了從南蘇丹的首都朱巴前往阿中圖庫難民營（Ajuong Thok Refugee Camps）和億達難民營（Yida Refugee Camps），我們必須搭乘聯合國的輕型飛機。輕型飛機是專為聯合國及所屬機構、還有人道救援組織的人權護衛者準備的交通工具。因為飛機體積又小又輕，在遇到強風時，我都能切身感受到它迎風前行的艱難。

我很有幸與各個組織的人權護衛者一同搭乘這架飛機，這是很難得的經驗。更記得有一次，我們在某個不知名的地點等候無國界醫生成員時，眼前一半的天空突然降下傾盆大雨，彷彿電影《神鬼傳奇》裡的沙塵暴正從遠處席捲而來；而同一時間的另一半天空卻出現了大太陽，是陽光普照、萬里無雲的世界。這就是非洲迷人的大自然。

ATB

熱情歡迎我的孩子們

南蘇丹的第一個造訪地點，是位於猶尼提省的阿中圖庫難民營，那裡生活著來自接壤國蘇丹的兩萬七千多名難民，其中七成是女性和兒童。

尼泊爾的難民營是櫛比鱗次的搭建在樹林裡，很難估算整體規模，而南蘇丹的難民營則完全是另一種面貌。一片廣闊無垠的大地，白色的帳篷坐落於淡紅色土壤之上，反射在帳篷頂的陽光甚至讓畫面有一種美感。直到走進帳篷、感受到裡面的熱氣和惡臭時，我才領悟到自己已置身於難民營中。

我們先去了兒童保護場所。通常我來到難民營，會先用韓語說「你好」，再用英語介紹自己的名字、職業是在韓國當演員，現在在聯合國難民署負責把難民的情況介紹給韓國人民，請求援助。

我剛做完自我介紹，阿中圖庫難民營裡的孩子便看著我笑，叫喊著：「ㄎㄚㄨㄚ ㄓㄚ！」那是「白人」的意思，他們根本不知道我是誰。孩子們在難民營裡的日子可以說是日復一日，每天都很無聊，很少有機會看到像我這樣的訪客，所以都相當高興。沒有人看到孩子的笑容能不被融化的，他們熠熠生輝的眼睛和晶亮潔白的牙齒十分耀眼，歡笑和歌聲自始至終都沒有停過。跟他們在一起時，我感到很開心，至今都還能記得他們明亮的眼睛。

不管在何處，孩子都一樣天真浪漫，只要能吃飽穿暖，基本需求獲得最低限度的解決後，就能開心的嬉笑玩耍。偶爾遇到像我這樣的外來人到訪，也會興奮的展現好奇。他們還不懂得為自己和家人所處的迫切現實擔憂，也還不會煩惱何時才能返回家園等問題。在孩子們懂事以前，在醒悟到這茫然的現實以前，希望他們能先與「白人」一起開心玩耍，擁有快樂的回憶。

儘管再艱難，還是要訴說夢想

見過難民營的居民後，我一直上揚的嘴角漸漸垮了下來。一位老人向我訴說，她因為女兒過世，不得不親自為剛出生的孫女哺乳。年邁的她整日為孫女擔憂，一隻眼睛幾乎已失明，另一隻的視力也急速衰退。失去女兒已經夠讓她悲憤交織，還只能用自己早已不再分泌乳汁的乳房給剛出生沒多久的孩子吸吮，她的內心該有多麼痛苦呢？

阿中圖庫難民營裡那些孩子燦爛的笑容令我動容，但我也明白，待在難民營、前途茫茫的不安巨大得難以忽略。這裡的父母都在為孩子的未來擔憂，無論是教育、健康和衛生等各個層面，他們都處在極其惡劣的環境下。難民們的未來一片茫茫。

驚訝的是，即便未來如此晦暗不明，仍存在著能一點一滴讓未來變得更清晰的力量——正是對明日的希望。即便面對殘酷現實也不放棄希望，或許這就是人類最不可思議的力量吧！看著跟我們一起錄製宣傳片的森遜，我再次感受到那股力量。

森遜是獨自一人跨越國界來到南蘇丹，目前生活在阿中圖庫難民營。森遜的父親告訴他：「只有知識可以戰勝武力，到南蘇丹去接受教育吧，日後做個記者，把現在蘇丹和南蘇丹的困境告訴全世界。」森遜繼承了父親的心志，懷抱成為記者的夢想，跨越國界輾轉來到這裡。他把讓全世界了解蘇丹和南蘇丹的狀況，並向外界求援當作自己的任務。現在的他在難民營教孩子讀書，有空時還會拍攝一些難民營的生活。

在難民營生活下去

我在前往億達難民營的車途中，看到遠方有一個孩子身上背著一根棍子，於是下意識地盯著他瞧，然而當距離拉近一看，才發現他背著的不是棍子，而是ＡＫ47步槍。

那一刻，我腦中忽然一片混亂，雖然已經聽聞這裡有武裝組織，但他們通常不會針對聯合國機構發動恐怖攻擊，話雖如此，但沒有人知道那個孩子的真實身分，無法判斷他是政府軍、叛軍，或其他哪個教派的人。我不知道該如何去理解這個從我們面前一閃而過的孩子，除了用受到極大的衝擊來形容，似乎也找不到更貼切的表達方法了。

接著，我們抵達億達難民營，那是一個住著兩萬多名ＩＤＰ的大型難民營。曾經作為停機庫的地方，現在成了分發餐點的場所。乍看之下，這裡更像非洲市中心的市場。到了分餐時間，人山人海的難民便蜂擁而至，看著沒有盡頭的隊伍，不禁感到為他們分餐也是一件不簡單的工作。

在億達難民營，我見到一個剛出生沒多久的嬰兒，體重尚不足就誕生了。住在難民營的孕婦因壓力和營養不良，很多人不是流產就是早產。難民營裡的分娩設施不過是在一個小倉庫裡搭起一個分娩臺而已，看到這種環境都不免擔心，產婦真的能在這種地方平安生產嗎？雖然比處在戰爭中的地區，或在冒著生命危險跨越國界的途中生下孩子要安全些，但在我看來，這種環境條件還是太危險了。雖說那名產婦和孩子都還算健康，但像他們這樣連健康出生的權利都無法獲得保障的情況，始終在我腦海揮之不去。

走出分娩室，我走在難民營，看到一位老爺爺呆呆地坐在帳篷門口。他孤家寡人，沒有親人陪伴，更不幸的是他雙眼失明了，只能靠其他人的幫助勉強維持生活。老爺爺每天就只能坐在帳篷裡，等待聯合國難民署的工作人員或志工帶他出去。我猜想，雙目失明的他一定很難受也很寂寞，他的表情卻一點都不陰鬱。我覺得那是看破了塵世的表情，是接受了自己再無得失後所流露的沉默。那一瞬間，我心生的不是憐憫，而是近似敬畏之心。

從小生活在難民營，洛塔的夢想

我在這裡遇到了洛塔。二十年前，她出生在衣索比亞的難民營。雖然從小到大一直過著輾轉於各個難民營的生活，但她沒有放棄學業，也讀了大學。現在由於內戰，她再也不能上學，全家人失去了一切、成為IDP，更在流落多處難民營的途中，一家人走散了。幸好不久前，洛塔得知姊姊就在附近難民營的消息。

洛塔的夢想是成為律師。我問她想成為律師的理由，是為了過更安定的生活嗎？她的回答完全出乎我的意料。

洛塔在很多難民營生活過，親身感受到法律知識的必要性。不只自己，其他跟自己處境相同、需要保護的人也總會面臨法律問題。但為這些人提供的法律服務總是處處受限，或根本沒有為他們制定的法律。因此洛塔想成為律師，為那些需要保護的難民提供必要的法律協助。

就像前面提到的森遜想成為記者的理由也是如此，我在難民營見到的這些朋友，他們的夢想都很具體，而且這些夢想都不是為了讓自己飛黃騰達，而是為了幫助身邊的人。

難民營惡劣的衛生環境

在出發前往南蘇丹前，韓國正因MERS（中東呼吸綜合症）而陷入緊急狀態。我結束五天四夜的行程回國後，傳染病的勢頭依舊

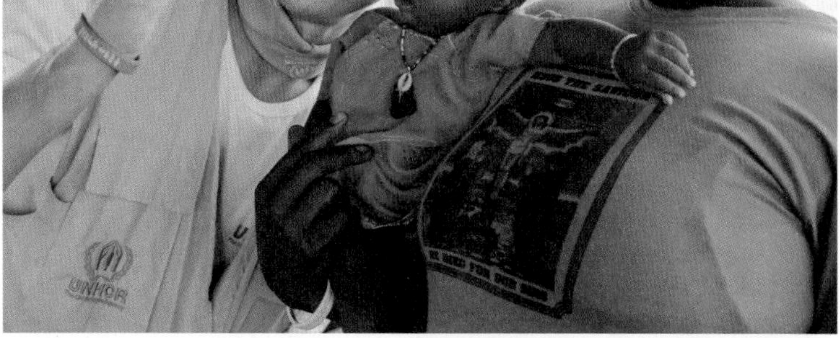
UNHCR

未減。雖然如此，韓國所面臨的緊急狀況還是比南蘇丹的日常安全許多，因為在南蘇丹，每天都有數十人因傳染病喪命。

南蘇丹人的平均壽命是五十五歲，跟韓國相差二十多歲，造成這種差距的主要原因是瘧疾和霍亂。到訪南蘇丹期間，正值傳染病肆虐前夕，聯合國難民署為了提前做好預防和治療，確保了疫苗數量、增設病房。但這些都還不夠，因為包括南蘇丹在內的所有難民營，難民人數與日俱增，援助他們的物資卻遠遠跟不上增加的速度。

難民營的環境惡劣，醫療資源的不足則帶來更大的風險。資源不足就已經是問題了，對傳染病的認知不足則造成更大的問題。雖然聯合國難民署會定期對難民進行教育，但預防疾病的措施對這些每天忙於生存的人而言，似乎並不是當務之急。

關閉難民營的願望

在難民營的聯合國難民署工作人員都希望難民能回到自己的母國，然後關閉難民營，但近十幾年來，從未發生過這樣的事。很多地方仍處在戰爭或內戰狀態，難民仍持續增加。

但在這樣的現實之下，我們還是能夠看到一絲希望。我在南蘇丹結識的一位聯合國難民署人員告訴我一個令他淚流滿面的故事。幾年前，蘇丹和南蘇丹曾經暫時休戰，那時難民們划船過江、返回家園，當時的那副景象，令在場所有人都激動不已。

聽了他這番話，我也有了期盼。期盼可以看到森遜回到蘇丹的家，把他自己的照片上傳到部落格，也期盼看到洛塔揮手送別最後一位離開難民營的ＩＤＰ。

成為聯合國難民署親善大使

從南蘇丹回來後沒多久，世界難民日便到了，在這一天，我成為了親善大使（Goodwill Ambassador）。名譽大使是聯合國難民署韓國辦事處任命的，親善大使則是聯合國難民署賦予的正式職務了。雖然名稱有些不同，但我扮演的角色沒有任何改變，如果這段時間參與的活動能為聯合國難民署帶來一點幫助，我會很欣慰。

我接受委任當時，聯合國難民署的親善大使包括安潔莉娜・裘莉（Angelina Jolie）在內共有十一人，目前全世界的親善大使共有二十五人，其中包括知名演員凱特・布蘭琪（Cate Blanchett）、班・史提勒（Ben Stiller），還有以《追風箏的孩子》成名的作家卡勒德・胡賽尼（Khaled Hosseini）、奇幻小說家尼爾・蓋曼（Neil Gaiman）等。安潔莉娜・裘莉以親善大使的身分長期投入難民援

助事務，貢獻值得肯定，二〇一二年，聯合國難民署正式委任她為特使（Special Envoy）。

二〇一八年十一月，我與訪韓的安潔莉娜·裘莉見了面。雖然我們是初次見面，但當談到難民問題時，卻產生一見如故的親切感。安潔莉娜·裘莉特使沉著冷靜的敘述難民現況，並積極的尋找幫助難民解決問題的方法，使我印象深刻。我們聊到，隨著需要保護的對象不斷增加，親善大使也更多了，其中有很多文化藝術界名人，大家都希望發揮影響力，將難民處境傳達出去。

那天我和安潔莉娜·裘莉特使約定，如果有一天羅興亞族難民可以返回故鄉，我們要一起去庫圖帕隆難民營（Kutupalong Refugee Camps）為他們送別。我在本書第五章將談到羅興亞族難民，他們此時也正經歷痛苦，我很期待有一天，可以和特使一起去為他們送行。

UNHCR

不論何時何地，
孩子們總會這樣歡迎我。
我祈禱他們所懷抱的夢想，
不會折服在現實的高牆之下。

生活在南蘇丹阿中圖庫難民營的森遜，一直牢記
父親的教誨：「只有知識可以戰勝武力。」
森遜想成為記者，對這些青少年而言，
未來的希望遠比自己的夢想更巨大。

Equality for Women
is Progress for All

第三章

他們為什麼去歐洲？

2016年3月　黎巴嫩

二〇一五年九月，聯合國難民署韓國辦事處舉辦了第一屆難民論壇。我在前往活動地點途中，看到艾蘭．庫迪（Alan Kurdi）遇難的新聞。艾蘭是一名三歲的敘利亞籍庫德族孩童，他們一家為了躲避敘利亞內戰，在橫跨地中海時遭遇船難，艾蘭溺水而亡。我愣愣地注視著新聞照片裡，像睡著般趴在土耳其海邊的孩子。

去見敘利亞難民

有關敘利亞難民的新聞，總是會在我們快要遺忘時再次出現在電視或網路。安潔莉娜．裘莉也與我談及她在伊拉克見到敘利亞難民時，聽聞的各種心痛的故事：被關在倉庫、遭受性暴力的十三歲少女；失去雙親，擔負起養育七個弟妹責任的十九歲少年……從這些現身說法，可以想像難民的困境多麼巨大。安潔莉娜．裘莉強調，全世界的人都應該幫助他們，對難民的未來負責。不久後，我也要去見那些敘利亞難民，我必須把他們的故事傳達給韓國社會。

我們決定前往黎巴嫩。黎巴嫩和伊拉克一樣，是與敘利亞接壤的國家，因此居住著不少敘利亞難民。這個位於中東的小國，領土面積僅有韓國的四分之一左右，儘管如此，黎巴嫩仍寬容的背負起鄰國的傷痛。但敘利亞內戰變得漫長，超過一百萬難民湧入黎巴嫩，也為本國經濟帶來負擔。當時黎巴嫩的人口約為四百五十萬，而敘利亞的難民人數就占了黎巴嫩總人口近四分之一。站在黎巴嫩的立場，當出現這樣的情況，也不得不嚴格實施有關難民的規定了。我們必須明白，收容難民絕對不是推卸給接壤國家就可以的，這些國家也都有各自的難處。

4
5
6
22

城市難民的生活

二〇一六年二月二十九日，我們登上飛往黎巴嫩首都貝魯特的飛機，在等待起飛期間，我查看了有關敘利亞內戰和難民情況的資料。二〇一一年，敘利亞迎來他們的「阿拉伯之春」，民主運動引發的混亂局面導致內戰爆發，政治立場、宗派、民族和對於周遭國家的理解問題混雜在一起，使得渾沌的局勢加劇。導致四百八十萬難民離開敘利亞，其中包括兩百七十五萬土耳其人、一百零六萬黎巴嫩人、六十五萬約旦人和二十五萬伊拉克人；而在敘利亞境內避難的IDP有六百六十萬人。內戰爆發前，敘利亞人口為兩千兩百萬，等於有近一半人口淪為難民。

當時，黎巴嫩保護了超過一百萬的敘利亞難民，三年後已達到一百五十萬人。起初黎巴嫩建立了難民營，但難民人數不斷暴增，難民營的運作也遇到困難。聯合國難民署考量到難民生活將變得更長，與其將難民孤立在難民營內，不如讓他們融入當地社會，於是聯合國難民署將援助黎巴嫩難民的方向轉換成城市難民的型態。

可是，城市難民的處境比住在難民營內更加艱困，他們首當其衝要面對的就是每個月的房租，因此難民主要生活在停車場、廢棄建築或直接在空地上搭起帳篷。即便如此，他們每個月仍得向業主繳納租金。加上難民生活的地方多半都是貧困區域，附近的民眾也很難再給予更多包容。

此外，城市難民居住得很分散，難以像在難民營內能有系統化的援助。黎巴嫩境內的敘利亞難民以家庭為單位，分別居住在約一千七百多處所在。而我來到的瓦哈共同居住區，以前是一間購物中心，停業後成為廢棄建築，敘利亞難民就以家庭為單位，居住在空著的店面裡。

我想繼續念書

我在黎巴嫩南部城市賽達遇到一位二十三歲的大學生摩哈梅德，在德國政府推行的「愛因斯坦難民獎學金（Dafi）」幫助下，摩哈梅德目前在大學主修心理學。他使我想起了洛塔和森遜，於是我也問起他的夢想。

「我只想繼續念書。」這是多麼純樸且又理所當然的夢想啊！摩哈梅德說，雖然不知道現在學的知識可以用在哪裡，但還是希望可以繼續學習。他還強調，自己想要求學的意志「像烙印在心上一樣」。

我很好奇是什麼在妨礙摩哈梅德的夢想。他告訴我，他最擔心的是一家人的生計問題，父親身體不適，自己雖在九個兄弟姊妹中排行老二，卻幫不上家裡的忙。他還向我傾吐了每天至少要反覆思考十幾次的問題——自己是不是該放棄學業去賺錢、養家餬口。目前摩哈梅德最大的煩惱是，雖然想繼續念書，卻無法專注學業。

見過摩哈梅德後，我們來到臨時學校，曾當過教師的難民在那裡義務教孩子讀書。臨時學校平日是日常生活空間，每週五會抽出兩小時當作學校，只有高年級和低年級兩個班。但就算是臨時學校，能來上課的孩子也不到所有孩子的一半。即便能來上學，在那些孩子中也有近兩成會在中途放棄。

孩子們放棄學業的主要原因是為了賺錢。很諷刺的是，這些幼小的孩子必須擔起全家生計，因為只要花很少的錢就可以僱用到童工，所以他們比領固定薪水的成年人更容易找到工作。

放學後，我與積極回答老師問題的哈瑪德聊了一會兒天，他已經九歲了。當聽到長大後想做什麼的問題時，哈瑪德說希望成為像史懷哲一樣的醫生。

「想當醫生就得多讀書，你可以嗎？」

聽到我這麼問，哈瑪德朝氣蓬勃的回答：「為了能為像媽媽那樣的病人看病，我一定會努力讀書的。」

據當地工作人員解釋，對這裡的孩子而言，讀書不只是單純的求學，別看孩子們開懷大笑、嬉戲打鬧，其實他們都明白現在讀書不是為了自己，而是把這視為一種武器、一種資產，以便在不久的將來能夠守護迎來和平的母國，不再讓母國陷入混亂。

我回想起過去的日子。或許是因為貧苦的環境，我無心專注於學業，也感受不到求知的樂趣，在那時莫名擁有了當演員的夢想。當時的我是多麼渴望實現那個夢想，彷彿成為能拯救我卑劣人生的一絲希望。學業對這些孩子還有摩哈梅德而言，甚至比我茫然想成為演員的夢想，更加迫切和強烈吧。

我認為身而為人，都擁有無限的可能，出生在這片土地上的孩子也是如此，雖然不能保證能為這些孩子的未來提供機會，但我確信他們都是上蒼賜予全人類的禮物。

為了孩子，考慮去歐洲的父母

我遇到的敘利亞父母最大的擔憂，也都是子女無法接受正規教育，雖然當務之急是解決溫飽，但孩子們的未來比這些更為重要。比起餓肚子，父母更擔心孩子們會失去未來。

在敘利亞始終不見好轉的混亂局勢，和不知何時才會結束的艱苦生活下，這些父母無時不在擔心自己的孩子會成為「失落的一代」。如果現在正在成長的這一代人無法接受正規教育，即使他們回到母國，也沒有能重建國家的能力。正因如此，成年人更擔心眼下的處境將難以重建家園，否則要再等到下下一代，那說不定得耗費一百年的時間。

一位父親正在存錢、考慮去歐洲，或許能讓孩子接受教育。他告訴我，很多難民的想法都和他一樣。我不禁想起六二五戰爭期間，前人們在避難所建立學校、教書的事，現在的難民營也一樣。由此我們終於可以明白，這些人願意花高昂費用、搭乘隨時都可能遇到危險的船隻，也要奮不顧身前往歐洲的理由了。

出生僅二十天的諾爾

那是陰冷的一天，冷風夾雜著細雨。在走訪敘利亞難民非官方居住地時，我看到一個剛出生僅二十天的孩子。他叫諾爾，由於陌生人突然造訪了這個由木頭和塑膠布搭起的狹小空間，諾爾哭了起來。

諾爾出生的地方就只是一個簡陋的帳篷，比之前南蘇丹的分娩室環境更加惡劣，這個狹小空間就是諾爾的父母和兩個姊姊一起生活的安身之處。這種環境別說遮風擋雨了，更擔心這麼小的孩子會不會生病感染。看著抱著諾爾的父親哈森，我心裡難受得什麼也說不出口。

哈森注視諾爾的眼神充滿哀傷，那眼神彷彿在說：「對不起，讓你出生在這種地方。」我曾聽過有人說，身為父母最痛苦的事情之一就是無法對孩子的將來負責。哈森或許是看穿了我的想法，他端來一杯茶後，先主動開了口。

在離開家鄉前，哈森在麵包店工作，一家人為了躲避內戰逃到此處，想到剛出生的諾爾、林和阿薩艾爾兩個姊姊的未來，哈森就覺得像被人掐住脖子那樣透不過氣。哈森說，只要為了家人，不管做什麼工作都可以，他也打算帶全家離開這個沒有希望的地方，去更遠的國家。我安慰他：「希望你抵達的地方會是你的家鄉。」但話一出口，隨即想到我這樣說，也不知是否能真正安慰到他。只見哈森默默點了點頭。

過了一陣子，諾爾的哭聲停止，孩子露出與父親截然不同的無邪眼神，還笑了起來。諾爾的雙眼讓我想起在南蘇丹難民營裡那些剛出生的孩子，心裡掛念著：那個孩子的名字叫什麼？他過得好嗎？現在住在哪裡？應該還沒回到家鄉吧……或許幾年後我去其他地方、看到那裡的孩子時，也會像現在一樣掛念起諾爾吧。

正如難民的母國狀況持續不見好轉，他們的人生也變得無法期待——不，應該說情況反而更糟了。離家時帶在身上的錢早就用光，這些敘利亞難民無法隨意搬家和找工作，只能做一些農活或建築臨時工，賺取最低時薪，但就算如此也很走運了。敘利亞難民即便是購買糧食和尿布這種生活所需的基本民生用品，都是在加重債務，這種殘酷的現實令人難以承受，有些人甚至想過與其這樣，不如回到有生命危險的故鄉。

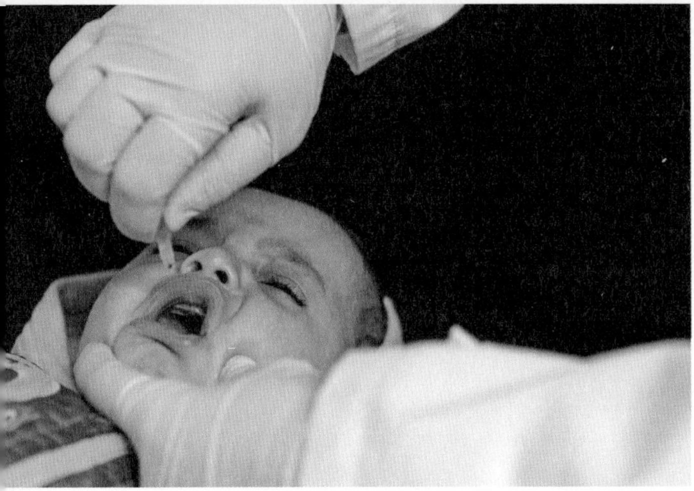

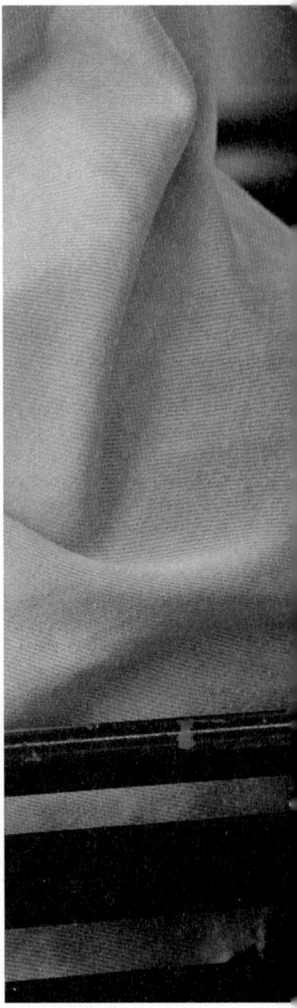

媽，妳又能為我們做什麼？

從哈森的家出來後，我又來到另一戶人家。在租來的房子裡，住著獨自撫養五個孩子、三十一歲的蒂瑪。一年前，丈夫遭遇砲擊身亡，蒂瑪就帶著孩子逃到這裡。

我問她，什麼事最感到辛苦？蒂瑪告訴我，最難以忍受的就是孩子們會鄙視自己。她在家鄉時也是在家裡照顧孩子的家庭主婦，從沒出去工作過。丈夫遇難後，身無分文的她帶孩子逃到這裡，找不到能做的工作，又有尚未斷奶的孩子，根本無法把孩子留在家裡外出，全家只能在聯合國難民署的幫助下艱難的度過每一天。

大兒子的反應更讓她傷心：「媽，妳能為我們做什麼？要不是聯合國難民署的人，我們早就餓死了！」大兒子的話像釘子扎進蒂瑪的心，但她不能生氣，只能默默地流淚。儘管蒂瑪也希望做些什麼，在孩子面前成為一個堂堂正正的母親，即使是些微不足道的小事也好，但眼下的她束手無策。

有人會說，這些難民根本就是接受了聯合國難民署援助，過著無憂無慮的生活。事實上根本並非如此，「無法自食其力」，會在所有人心裡留下傷痕。

最後一天晚上，嘗試網路直播

在準備出訪黎巴嫩期間，我冒出想在第一時間跟韓國民眾交流當地情況的構想。聽到我的想法後，聯合國難民署韓國辦事處的一位工作人員提議，可以用臉書或Instagram直播。我從沒做過網路直播，雖然心有疑慮，但這樣能夠第一時間傳達當地訊息，也可以直接與大家交流，最終決定嘗試看看。

抵達黎巴嫩後，我們測試了幾次，但原先對當地的網速能像韓國一樣快的期待，本身就是一種錯誤，最終我們取消了拍攝難民的計畫。在黎巴嫩的最後一晚，回到貝魯特市區網路訊號穩定的飯店後，才終於嘗試了第一次直播。

我先簡單介紹了住在黎巴嫩的敘利亞難民，他們分散在各個城市居住的情況，還有因對難民缺乏理解而產生的幾個誤會，直播內容幾乎跟本書寫的差不多。接著，我開始分享在當地的感觸，透過這些活動，擴大了我看待世界的視角，也可以略為感受到生活在困境裡的人內心的傷痛。最後我告訴大家，我堅信應該把這裡的所見所聞傳達給全世界，希望幫助大家改變既有的成見。雖然這些話在接受媒體採訪時我也說過，但跟網路直播的感覺還是很不同。

眼淚搞砸了首次臉書直播

大家都說網路直播的好處就是可以即時看到網友的留言回應，進而溝通交流，我也試了一下，實在相當困難。我只要看留言就無法進行直播，專心直播時，又沒辦法閱讀留言。最後只好請聯合國難民署的公報官申惠仁幫忙查看留言，然後篩選問題。有網友問我，這次見到的難民裡，誰給我留下了最深刻的印象。

當我講到剛出生二十天的諾爾的名字時，一股難以控制的情緒湧上心頭。直播事故發生了。後來得知，我足足有一分多鐘沒有說話。雖然是第一次直播，也實在不該闖下這麼大的禍啊。

跟諾爾一家人見面時，他們沏茶款待了我。事後我才得知，沏茶對他們是非常困難的一件事，因為那裡很難取得沏茶用的熱水。平常為了給剛出生的孩子泡奶，他們必須另外找來乾淨的水，再生火燒水。想到他們用這麼珍貴的水為我沏茶，我心裡充滿歉意，不禁哽咽了。我試著強忍住眼淚，卻一點用也沒有。

我勉強壓下情緒，結束了直播。放下手機的瞬間，突然感到很羞愧。「見過難民的我，應該理性的傳達他們的故事……但我這是在幹什麼啊……」我感到很抱歉，那些在韓國收看直播的網友一定也莫名其妙。但工作人員紛紛安慰我，說這樣反而真情流露，展現出最真誠的一面，但羞愧感仍揮之不去。

我一直告誡自己不能用情緒化的態度為難民發聲，結果還是沒控制好情緒，搞砸了直播。雖然也考慮過重新再直播一次，但擔心會重蹈覆轍，只得放棄。我的首次臉書直播就這樣在暴露了自己的不足之後，畫下句點。

訪問難民營及援助聯合國難民署

常有人提出希望跟我一起出訪難民營，雖然對大家的心意很感動，但其中還是存在許多困難，因此想藉此機會談一談。

很多人以為我去難民營是做分發救援物資的志工，其實我在現場並沒有提供物質幫助，我主要的工作是親自查訪當地情況，然後傳達他們的處境給外界了解，讓更多人關注難民問題。

要前往這些難民營，需解決許多技術問題。首先，大多數難民營都建在紛爭地區附近，所以很危險。很多國家都屬韓國外交部的警示地區，也可能不允許入境。我也是在聯合國難民署的幫助下，才能前往相對來說較能確保安全的國家。

此外還有經費問題。就我而言，我會承擔包括機票在內的所有個人經費，希望聯合國難民署的預算只用在援助難民上，也會再三考慮自己的一舉一動會不會給難民、難民營和聯合國難民署帶來麻煩。

很多人都想幫助難民，特別是想把不穿的衣服寄給難民，其實這也不太妥當。聯合國難民署的首要原則是提供難民現金援助，讓他們能在難民營附近購買所需用品，才能幫助活絡當地經濟，希望長此以往，讓當地居民更友善的接納和看待難民；再者，若從韓國寄援助物資，首先運費就是一筆不小的開銷，將運費化為捐款，在當地購買物資，才是最明智的選擇。

而且從援助物資的優先順序來看，當地最需要的是兒童用品、女性用品和教育所需物品。對難民而言，最急需的物資可能不是我們不穿的衣服。因此如果想在物質上幫助他們，捐款才是最好的方法。聯合國難民署日內瓦總部收到全世界的捐款後，會召集各國辦事處，根據各國的情況進行分配。

UNHCR
UNHCR

HC
The UN
ugee Age
CR
ncy
UNHCR

UNHCR
UNHCR

關於捐款，還有件事想跟大家分享。在聯合國難民署的民間捐款比例中，韓國排名第二（西班牙第一）。相對而言，韓國的企業捐款還不算多，政府的供給金也有限，但從個人捐款來看，韓國是名列前茅的國家。這再次證明了韓國人民溫暖的心。

比捐款更重要的事

但要實質的幫助難民，難道只有捐款這條路嗎？絕對不是這樣。幫助難民最重要的是要關注難民問題。我想強調的是，不要把難民問題視為只是發生在其他國家的問題，應該給予關注，這是把對自己生活的社會和對鄰里的關愛，擴展到國際社會。這樣我們也許就能夠領悟到在生活中，彼此需要多麼強有力的連結，以及認知到共同體和理解的重要性。

我在當地遇到的難民都很感謝遠在他國的人們不曾忘卻自己，我們小小的關懷，可以成為他們艱苦度日的巨大力量。

難民的出現來自紛爭和戰爭等諸多矛盾因素，如果我們去理解和關注暴力衝突產生的原因，那麼國際社會也會更重視地區與地區、國家與國家之間的矛盾衝突，勢必能夠對解決紛爭帶來正面影響。越是去面對難民問題，越會讓人重新思考和平的重要性。

如果理解了產生難民的原因，就會知道他們都是跟我們一樣的平凡人。難民不是特殊的群體，他們不過是遇上突如其來的紛亂，被迫陷入不尋常狀況的平凡人，沒有一個人是自己選擇走上難民這條路的。

這些人殷切期盼能早日回歸平凡的生活。我們伸出援手，其實就是在幫助一個年輕人去實現夢想，也是透過他去阻止一個國家的沒落，幫助他們重建家園。

身處疆界的人們

二〇一七年，我為第三屆「難民電影節」的開幕紀錄片《身處疆界》擔任旁白解說，這部片講述了我在黎巴嫩遇到哈森一家人的故事。

錄製旁白時，我想起包括哈森一家人在內、遇見的所有人，腦中再次浮現他們令人心痛的遭遇和困境。我還想起那些跟在我身後叫著「雨盛、雨盛」的孩子，以及他們燦爛的笑容。

有「中東巴黎」之稱的黎巴嫩首都貝魯特市中心，有著多間精品店和高級飯店，我們住在安全無虞的市中心飯店，然後搭一個半小時的車到貧民區與住在那裡的城市難民見面。市區的坦克和全副武裝的軍人、衝到馬路上乞討的孩子，那裡的景象總是混雜著恐懼與希望、難過與笑容。我想對難民而言，「生活還是要繼續」。

UNHCR
The UN Refugee Agency

我回想著身處困境仍懷抱希望生活的人們，笑容燦爛的孩子們，完成了旁白的錄音：

「全世界有六千五百萬人失去家園，有的人可以繼續過著自己的生活，但有的人只能身處在疆界，等待和平。他們的孩子依舊面帶微笑，在那微笑背後綻放著夢想，那是憧憬著未來沒有戰爭的夢想。」

黎巴嫩某廢棄購物中心裡，住著城市難民尤斯夫一家。
在敘利亞務農的他來到黎巴嫩已經 4 年，
但他每天仍為了維持生計，與苦難搏鬥。
尤斯夫全家的夢想是早日返回家園，過跟從前一樣的生活。

城市難民的人生與非法滯留者沒有多大差別，
但聯合國難民署會保障他們的身分，提供維持生計的基本援助。
聯合國難民署，就是這些失去政府保護的人的政府。

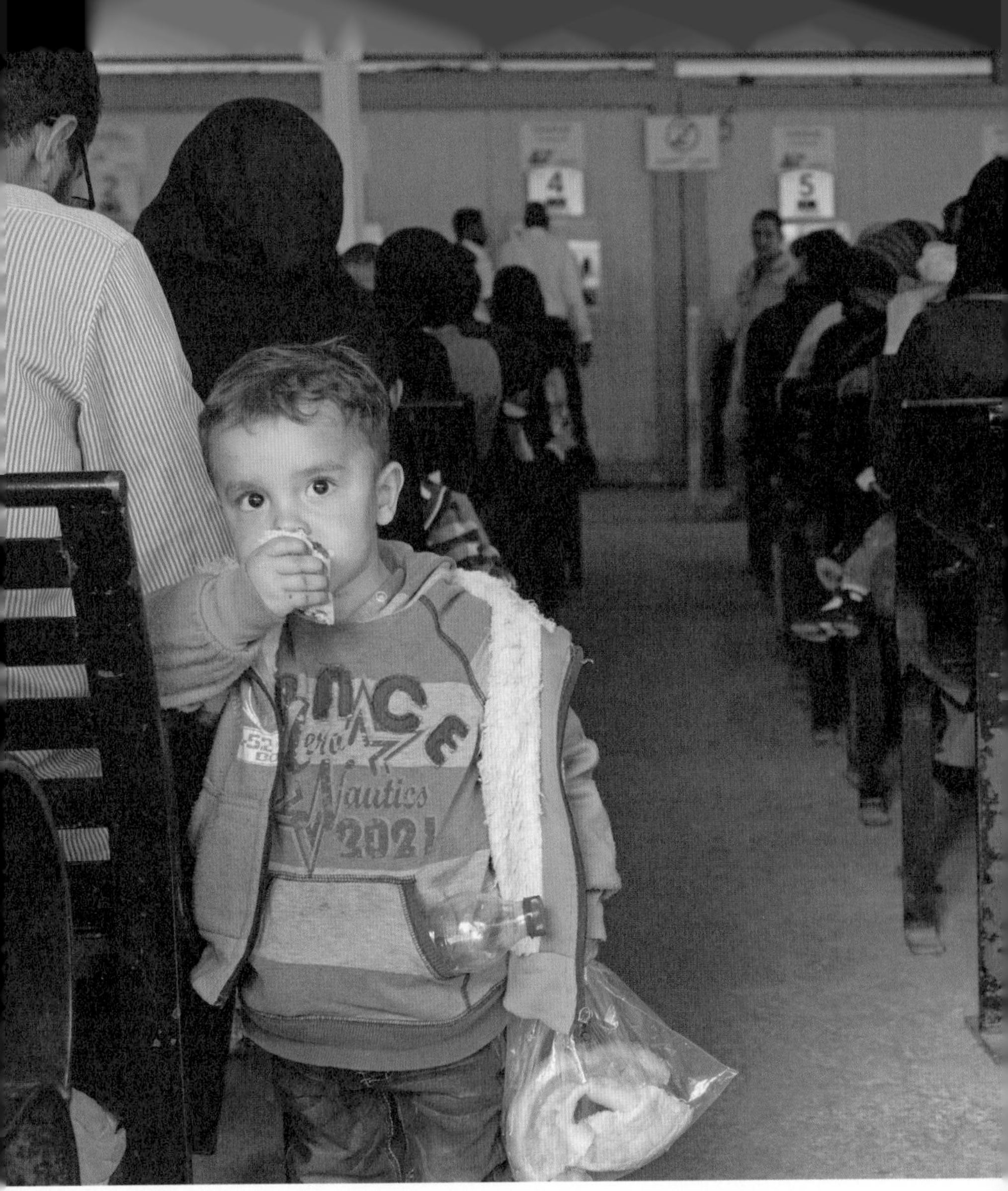
4
5
Nautics

第四章

戰爭何時才會結束？

2017年6月　伊拉克

伊拉克是中東地區難民問題最集中的地方。自八〇年代的兩伊戰爭到九〇年代的波斯灣戰爭，再到二〇〇三年爆發的伊拉克戰爭；從以美國為首的多國部隊展開對叛亂軍的武裝攻擊，再到遜尼派與什葉派間的矛盾，緊接著，庫德人的獨立抗爭更擴大了混亂的局面。不僅如此，敘利亞內戰導致大規模難民流入，以及活躍於伊拉克和敘利亞的伊斯蘭國出現，伊拉克的土地上，錯綜複雜的矛盾關係正愈演愈烈。

伊拉克大部分的領土已經成為戰場，並出現數以萬計的難民。雖說所有戰場都慘不忍睹，所有難民營的環境都很惡劣，但伊拉克的情況仍遠遠超出所有人的想像。伊拉克是聯合國難民署密切關注的區域之一，特使安潔莉娜・裘莉造訪伊拉克超過五次以上，足以顯見此處的難民處境急需外界關注。

我也前往了伊拉克。在我造訪伊拉克的二〇一七年，伊拉克政府軍為了從伊斯蘭國手裡奪回摩蘇爾市，展開軍事作戰，戰爭的餘波導致大量ＩＤＰ出現。在黎巴嫩與敘利亞難民見面時，我就很想見見那些逃往伊拉克的敘利亞難民，這次終於也有機會見到他們了。

「如果手頭寬裕，我可以開店嗎？」

抵達伊拉克後，第一個造訪的是距離北部城市艾比爾以南二十公里的庫蘇塔帕難民營（Qushtapa refugee camps）。庫蘇塔帕難民營與之前我見過的難民營不同，是難民和城市難民混合居住的型態，比例約為三比七，城市難民的占比相當高。原本在那裡搭建難民營的目的，是為了提供初來乍到的難民一個暫時的居所，因此是在戰亂中緊急搭建，無論是收容能力或聯合國難民署能提供的援助，都非常有限。

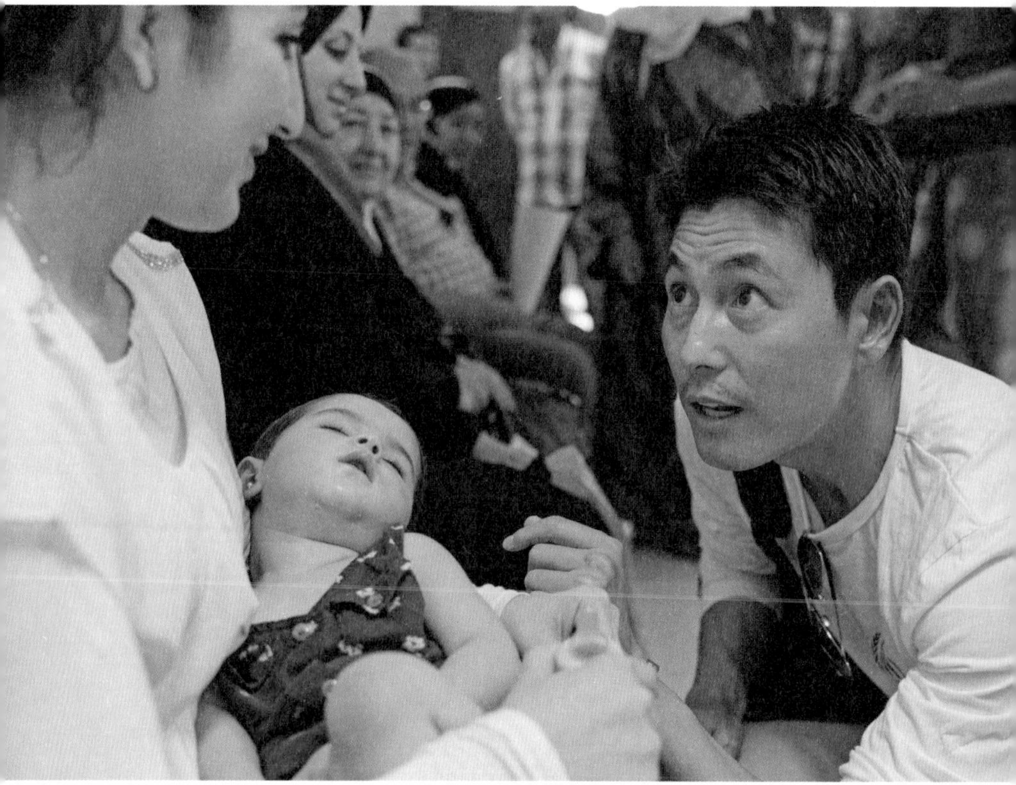

UNHCR
QANDIL

SWEDISH HUMANITARIAN AID ORGANIZATION
QANDIL
UNHCR
UNHCR
The UN Refugee Agency

難民不可能一直住在難民營，每個人都希望戰爭早日結束，盡快返家。這些難民如果可以走出難民營、找到工作自給自足，也就能更容易熬過這不知何時才能結束的難民生活。聯合國難民署並不鼓勵難民只待在難民營裡，他們希望這裡的難民可以像黎巴嫩的難民一樣，盡量踏出難民營，和當地居民生活在一起。

我在這裡認識了住進難民營的哈迪勒一家人，他的遭遇讓我想起一句話：理想總是承載著現實的重量。哈迪勒以城市難民的身分生活在伊拉克，只要有工作他都會去做，但賺來的錢仍遠遠不夠養活四個孩子和妻子。帶來的現金早就用光了，十七歲的長子麥西蘭也不得不跟著父親去挖水道。看著原本應該上學讀書的兒子辛苦工作，哈迪勒滿懷愧疚，自責是自己奪走了兒子的未來，不時嘆著氣。

生活在難民營外的城市難民，有的住在庫德自治政府指定的廢棄建築，有的住在當地朋友家，但絕大多數人會跟當地人租房，月租約兩百美金。就算麥西蘭也跟著父親去工作，這筆錢仍是天文數字。最終，哈迪勒一家只能申請住進難民營。

幸好他們的申請通過了，但聽到住在難民營內的生活規則時，哈迪勒又是一臉擔憂，無法自食其力撫養家人的絕望和對難民營生活的不安席捲而至。但哈迪勒並不打算向困難低頭，他詢問，如果自己手頭寬裕了，是否可以開店，我感覺到他從不曾放棄對未來以及希望的追求。

父親的屍體就躺在身邊

薩爾瑪姐是來自敘利亞的四十多歲女性，她的兩個女兒經由土耳其到了德國，現在已經辦理了難民申請。薩爾瑪姐帶著剩下的六個兒子逃到伊拉克，目前生活在難民營裡。

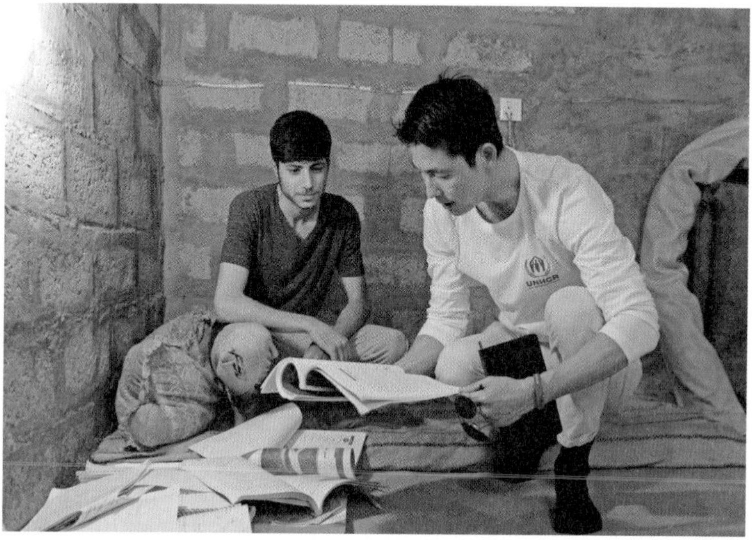
UNHCR

由於居住的帳篷會漏雨，孩子們根本無法睡覺，薩爾瑪姐用好不容易攢下的錢搭起一個鐵皮屋頂。她根本沒有餘力去考慮屋頂的材質，白鐵製的屋頂在白天被陽光烤得通紅，熱氣把帳篷內變成了汗蒸幕，一走進去便大汗淋漓。我問薩爾瑪姐怎麼能住在這種地方，她告訴我，自己和孩子平時都不會待在裡面，但只要能有一處可以躲避夜露的地方，就已經知足了。

薩爾瑪姐也有一個擔憂，那就是孩子們的記憶，她擔心在離開敘利亞前，把丈夫的屍體一直放在家裡、膽戰心驚熬過的那四天，會給孩子留下一輩子抹不去的傷痕。某一天，突然從天而降的子彈奪走了薩爾瑪姐的丈夫、孩子們的父親。整整兩天，薩爾瑪姐和孩子只能透過窗戶守望中槍身亡、倒在門前街上的丈夫，最後終於鼓起勇氣跑到外面把屍體抬了回來。雖然丈夫的屍體抬回來了，但他們仍害怕得不敢出門，只好把屍體放在家裡。等到第五天，薩爾瑪姐不得不放棄處理丈夫的屍體，帶著孩子逃了出來。

對我們而言，目睹陌生人中彈倒地就已經是很大的衝擊了，更何況那不是別人，而是自己的父親！而且在那幾天中，全家束手無策，只能守著屍體，要是外面的槍林彈雨依舊持續，他們還是只能瑟縮在家裡呢？薩爾瑪姐不知道孩子們怎麼想的，雖然孩子沒有多說什麼，但她好幾次看到他們從睡夢中驚醒。

這不光是薩爾瑪姐一個人的問題。大部分難民都在戰火中親眼目睹自己的家人、親友死亡，而且有一半以上是孩子。目擊者們都處在不安的心理狀態下，就算返回家園也很難好轉。面對這種狀況，聯合國難民署和其他國際救援團體也為這些孩子開設唱歌、畫畫和遊戲等心理治療項目，但在生存和生計等重大事項之前，這些計畫往往會被放到後面。

NIKE

臉燒傷的十歲少女，侯達

第二天，我來到位於艾比爾以北城市漢達尼亞的哈珊桑Ｕ３難民營（Hasansham U3 Camp），車程約需一小時。漢達尼亞鄰近伊斯蘭國的根據地摩蘇爾，據說不久前政府軍和伊斯蘭國還在此處交戰。我們到訪時，都能在稍微遠離市區的地方看到戰火留下的痕跡，難民營前還有被遺棄的車輛及被炮火燒得焦黑的地面。這一帶成了戰場後，每天有超過六千名ＩＤＰ，為了保護他們，聯合國難民署只花了短短兩週就搭起臨時難民營。看到我們在難民營附近徘徊時，工作人員馬上上前勸阻，因為附近偶爾還是會發現地雷。

這裡白天的最高溫達攝氏四十七度，聽起來已經夠嚇人了，但當地工作人員卻說這算是涼爽的，等進入最熱的八月，最高溫可達五十度。難民營剛搭建好時，ＩＤＰ還得在零下氣溫中忍耐寒冬，如今卻得在漫無邊際的酷暑中度過夏天。

對於生長在這裡的人們來說，這種氣候或許是宿命，卻不該將戰爭看作是他們的命中注定。他們必須在沒有電、缺水的環境下忍受這種沒有期限的生活。戰爭不知何時才會結束，所以也沒有要撐到何時的明確目標。

為了躲避陽光，我們走進一個帳篷，裡面住著一位臉上帶著暗紅燒傷的十歲少女，她是侯達。侯達天生失聰，只是看著我們一個勁的笑。侯達身旁的瑪紐萊似乎看出我不知該如何開口詢問侯達臉上的傷，於是她模仿起：「嗖嗚～轟隆！」炸彈從天而降的聲音，比手畫腳著解釋，表示侯達臉上的燒傷是炮擊留下的傷痕。面對孩子的不幸，我卻連一句安慰的話也說不出來。侯達的母親希望女兒可以做手術治好臉上的傷疤，也希望女兒能聽到聲音。或許是這樣的願望在支撐著她們吧。

我們說還要再到其他地方看看，走出帳篷，侯達和她的朋友們也跟了上來。這時，難民營一角掛著的橫幅進入我的視線。那是援助這裡的卡達紅新月會（相當於伊斯蘭國家的紅十字會）的橫幅——

「我們能夠感受到你們的痛楚。」

我們的祖先也是難民

雖說聯合國難民署的活動參加多了，與難民的見面多少也感到熟悉，但每次都是一個全新的經驗，也仍會感到擔憂與茫然。每次我都覺得出發前已經做好要把難民處境傳達給更多人的準備，但回來後總會感到力不從心。

經常有人向出訪回來的我提出這樣的問題：「韓國也有很多生活困苦的人，您為什麼一定要幫助外國人呢？」

我不是想呼籲「只」幫助難民，或是「先」幫助難民，更沒有想要迴避幫助韓國國內生活困苦的人們。我只想告訴大家，對難民的關注和援助非常重要，我們可以在條件允許的情況下，把目光放得更遠、更廣一些。

不知從何時起，我開始把難民問題與韓國的歷史放在一起思考。在日帝強占期，被迫離開朝鮮半島的祖先；六二五戰爭時，遠離家園的前人，他們也都是難民。如果沒有其他國家向我們伸出援手，就不會有今天的韓國。如今，韓國身為國際社會上有能力承擔責任的一份子，我們有責任關注難民問題，並且給予援助。

也有人說：「幫助那些難民，對我們有什麼好處？」我認為，幫助有困難的人是理所當然的事。如果幫助別人的前提是想從中獲取利益，那就不是出自單純的意念。幫助難民，自始至終都是出於人道主義的立場。但遺憾的是，我們所生活的世界把這種立場看得極其理想且浪漫主義。不只韓國，全世界都是這樣，哪裡發生了什麼事，都會先考慮這對我（或我們）是否有利。若沒有利益就會置之不理，甚至還會衝在前頭說不應該這樣做。

仔細想想，其實幫助難民也不是毫無利益可言。一個國家在重建過程中，如果有另一個國家伸出援手，她的國民和政府怎麼可能不感激和牢記呢？再者，等那個國家重建後，經濟成長，我們的企業也可以獲得市場投資的機會，最終也會為國家帶來利益。回想一下在日帝統治下，當我們重建起戰爭下的廢墟，我們對美國和其他友邦，一直都心存感激。

LITTLE MONSTER
TRUCK
Good Night
T90

UNHCR

為什麼要幫助難民？

我並不想強迫所有人來幫助難民——不，更準確的說法是，我無法強迫大家，沒有人能夠要求生活貧困的人去幫助更加貧困的人。我們能做的是為那些人加油打氣，讓他們產生力量去過生活。但如果自己行有餘力，如果可以把視線轉向外面的世界，這是我的提議：大家不妨一起思考一下，這個世界正發生的問題。

大韓民國是簽署了《難民地位公約》的締約國，也是亞洲第一個擬訂本國《難民法》的國家。幫助難民並不等於同情難民，這是身為國際社會一份子應該擔起責任的姿態。

常有人問我，身為聯合國難民署親善大使，我的終極目標是什麼？我也思考過這個問題，真的很難用一句話概括。如果有一天，再也不會出現像「為什麼要幫助難民？」諸如此類的問題時，或是

再更往前一步，如果這世界上再也不會出現一個難民，我想這大概就是親善大使的最終目標吧。

UNHC

比起無限的援助，難民更需要的是回歸日常。
比起捐款，他們更希望生活能自食其力。
因此有很多難民團體希望出售自製的手工藝品，發展經濟活動。

第五章

悲劇是從哪裡開始的？

2017 年 12 月
2019 年 5 月
孟加拉

我們經由孟加拉的首都達卡，來到位於科克斯巴扎爾的庫圖帕隆難民營（Kutupalong Refugee Camps）。二〇一七年八月的暴動，導致超過六十二萬羅興亞人跨越緬甸國境、來到孟加拉，在那之前，就已有三十萬人居住在庫圖帕隆難民營，這裡成為全世界規模最大的難民營。這種情況不僅引發當地糧食及用水不足，更衍生出衛生和營養缺乏等危機。

由於我在二〇一七年已經去了伊拉克，所以那年就沒有再出訪難民營的計畫，但自從見了訪韓的聯合國難民署高級專員菲利普．格蘭迪，從他口中聽到羅興亞人的慘況後，我便無法袖手旁觀。格蘭迪告訴我，他見到的羅興亞族難民，大多數女性都曾遭受性侵，許多孩子親眼看見父母被殺，很多父母也失去了孩子。羅興亞人的慘況要比發生在二十年前的盧安達大屠殺[7]更為嚴重，格蘭迪希望我能把問題的嚴重性傳達給韓國社會。我認為有必要親眼見證問題的嚴重性，於是調整了幾個工作行程後，搭上飛往孟加拉的班機。

羅興亞人的苦難

這並不是我第一次聽聞羅興亞人的遭遇，在首次出訪尼泊爾時，德克．海裴科就曾提到羅亞族人。當他講解居住在尼泊爾的難民時，特別形容羅興亞人：「他們應該是世上最不幸的民族了。」當時的我只是淡淡的聽過，沒想到如今他們的悲劇卻像滾雪球一樣越來越嚴重。

在見到羅興亞族難民前，我認真思考過「祖國」的定義。我之所以出生在韓國，這與我的意志毫不相干，但國家給予我的保護對

7 一九九四年四月六日至七月，東非的盧安達因內戰，發生胡圖族人針對圖西族人的大屠殺，導致盧安達的七百多萬人口中，約有五十到一百萬人遇害。

我而言，就像水和空氣般理所當然。倘若我出生的國家否定我的存在，甚至沒收我的財產，在我面前殺害我的家人，那我還會把她視為我的祖國嗎？在庫圖帕隆難民營聽到羅興亞難民的故事後，我產生了這樣的疑問——對他們而言，祖國是什麼？又或者說，他們真的有過祖國嗎？

羅興亞族是一個居住在緬甸西部、信奉穆斯林的少數民族。過去數十年間，緬甸的軍事獨裁政府視他們為非法移民，持續對他們進行鎮壓，即使在緬甸民主化後仍然如此。甚至可以說，在民主化之後，緬甸的政府軍對羅興亞人的鎮壓更變本加厲。

但他們鎮壓羅興亞人也並非毫無來由。羅興亞族原本是生活在孟加拉和印度孟加拉邦的孟加拉人，於英國殖民緬甸期間移居至緬甸。英國殖民政府便將從緬甸多數民族——緬族人那裡掠奪來的土地，交給羅興亞人耕種。

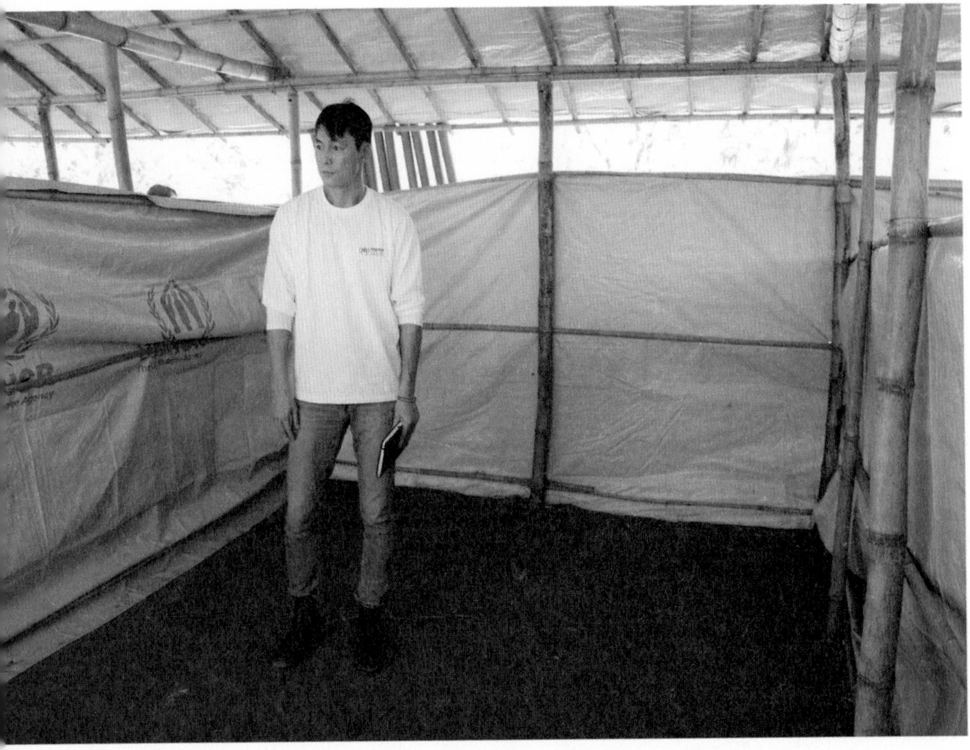

這是悲劇的開始。緬甸人認為語言、宗教和長相都不同的外來者掠奪了自己的土地，所以開始憎惡羅興亞人。二戰期間，緬族與日軍同一陣線，向英軍和羅興亞人開戰。

挑起這些事端的英國在沒有任何善後的情況下結束了殖民統治，擺脫英國統治的緬甸獨立後，歷史造成的不幸最終降臨到羅興亞人身上。緬甸政府不承認羅興亞人是緬甸公民，將他們驅趕到鄰近孟加拉的若開邦。緬甸政府意圖將羅興亞人驅逐出境，但若開邦已經有其他少數民族在那裡落地生根了，對那些少數民族而言，被驅趕的羅興亞人成為「從天而降的石頭」，過程中發生流血事件，也引爆武裝衝突。

在政治上被孤立的羅興亞人獲得類似伊斯蘭國的穆斯林武裝勢力支持，使得部分羅興亞族團體展開激烈的武裝行動，緬甸軍也採取更強烈的回擊。在這局面之下，有一百多萬羅興亞人不得不逃離緬甸，我們在尼泊爾見到的羅興亞難民正是因此離開緬甸。

孟加拉是全世界人口密度最高的國家，也是經濟貧困的國家，並沒有條件收容數十萬的難民，但他們沒有積極驅趕，也無力阻擋數十萬人跨越國境，加上羅興亞人和孟加拉人在人種、宗教和語言上是相同的，也很難做出區分。

與伊斯蘭國有關係的羅興亞族偏激勢力成為孟加拉的眼中釘，因此連鄰國印度也無法向他們伸出援手。周邊國家都對羅興亞人反感，就連聯合國祕書長安東尼歐．古特瑞斯都說他們是「世界上最受迫害的民族」。

UNHCR
UNHCR

無家可歸的羅興亞難民

在尼泊爾、南蘇丹、黎巴嫩和伊拉克見到的難民都有一個共同目標——回家。回去故鄉、回到母國，沒有一個人希望生活在異國他鄉，即便他們也會計畫去更安全的地方，讓孩子能好好受教育，但一切都是為了能重建母國而作的準備。正因如此，身為聯合國難民署親善大使的我不管見到誰，都會再三強調這一點。

羅興亞族難民卻不是這樣，他們親眼目睹家人被槍殺，剛出生的孩子被丟進火堆，整個村子的人被趕盡殺絕，大家只能落荒而逃。對於反覆經歷這些苦痛的人而言，他們恐怕已經不知道，哪裡才是自己的祖國了。

我遇到的羅興亞難民，沒有一個人能欣然說出希望重返家園，對於這些被恐嚇著如果不想死就趕快離開，然後赤腳走了幾百公里來到這裡的人們而言，他們已經沒有家了。雖然他們勉強逃離死亡的威脅，卻仍要在這種不知何時還會被趕走的情況下艱苦的生存。對他們來說，希望是什麼呢？

庫圖帕隆的難民們

抵達庫圖帕隆難民營後，我們最先來到中繼站，難民抵達難民營後，會先在這裡登記和檢查身體狀況。

我最先遇到的是五十五歲的周河拉。在經歷喪夫之痛後，她仍堅持要待在故鄉，直到女婿也遭人毒手，她只能帶著三個女兒逃出來。我從她的眼神裡看到了不斷經歷苦難的人才有的堅毅與淡漠，即便談及丈夫和女婿的死，還有跟自己一樣成為寡婦的女兒，那眼神也沒有絲毫動搖。

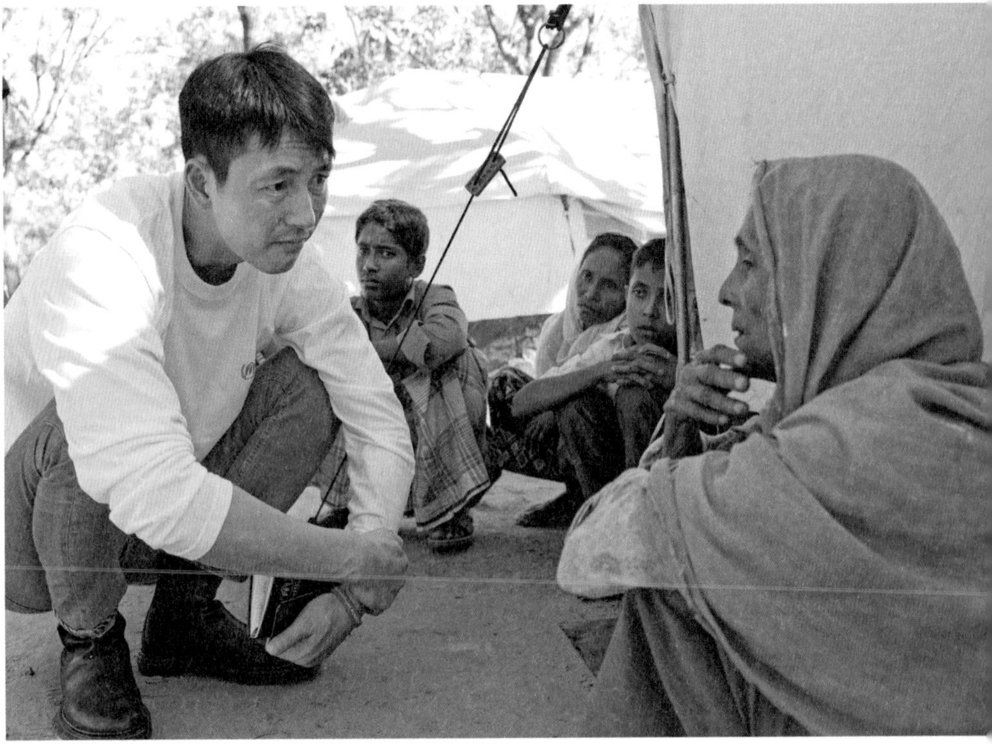

懷有七個月身孕的蔻緹莎親眼目睹緬甸軍把自己的丈夫拖出家門，當場槍殺。蔻緹莎根本不明白那些人為什麼要殺死丈夫。看她冷靜且面無表情的述說這件事，不禁令我更加心痛。

為什麼他們要遭受這種苦難？

若要談羅興亞人被無情鎮壓的原因，總會牽扯出緬甸與羅興亞人相互怨恨的悠長歷史與複雜的政治背景。但我遇到的大多數羅興亞難民，根本不理解緬甸政府鎮壓自己的政治和歷史背景。對他們而言，這只是難以承受的暴力。

羅興亞人的問題不是能單純用善惡去區分的問題，有著更加複雜的脈絡。但羅興亞族難民所經歷的痛苦並不複雜，任何人在面對他們經歷的苦難時，一定都會同意一個結論——這一切必須結束。

羅興亞族難民受壓迫的不僅來自政治和歷史因素，也有宗教原因。在佛教徒居多的緬甸，信奉穆斯林的羅興亞人成為差別對待的對象。我至今遇到的大多數難民背後也都存在宗教問題，宗教與宗教之間、宗教內部的派系之間紛爭不斷。人類為了撫慰內心的苦痛而創造宗教，宣稱不得殺生、要互相關愛的宗教為何會把人類驅趕到痛苦的邊緣呢？很多時候我都難以理解，甚至懷疑我們所追求的宗教信仰，真的遵循了神的旨意嗎？

密密麻麻、擁擠不堪的難民屋

庫圖帕隆難民營是剷平了一整座山搭建的難民營，這是孟加拉政府為了容納持續跨越國境逃至此的羅興亞難民想的解決方案。難民自食其力、伐木搭建房屋，密密麻麻排列在一起的房屋，多得看不到盡頭。因為是用木材粗劣搭起的房屋，加上家家戶戶都緊貼在一起，所以存在著火災、疾病傳染和洪水等潛在危險。

尋找柴火也成了一件難事。因房屋太密集，為了尋找柴火，有時要走十幾公里的路。有人在路上失蹤，或成為人口販子的目標。

與其他地方一樣，這裡的難民有超過一半都是孩子。剛從緬甸逃出幾個月的人營養不良特別嚴重，聯合國為五萬九千名羅興亞兒童進行診察，其中有九千多人處在營養失調狀態，也就是說，六個孩子中就有一個營養失調。雖然聯合國難民署特別把捐款集中分配給這個地區，仍遠遠趕不上難民增加的速度，人數早已超過了可容納範圍，糧食、醫療用品自然更加匱乏。

看到庫圖帕隆難民營裡擁擠的房屋，我還以為是因為一下子來了太多難民，用地不夠，才會都集中在一起。但當地工作人員告訴我，不只因為如此，而是長期受迫害的羅興亞難民都希望跟自己認識的人住在一起，好從密切的交流中獲得安全感。

在這裡，絲毫感受不到浪漫的樂觀主義。我參與聯合國活動以來遇到那麼多難民，但是第一次看到像羅興亞難民這樣慘淡的人生。雖然這些人在庫圖帕隆難民營找到了安全，但在他們的臉上，卻很難看見希望。

正在阻止更大悲劇的人們

面對難民大批湧現，很多時候是無法用二分法來區分善惡的，最終只能透過各國政府之間的協調，尋求政治上的解決方案。但在尋找答案的這段時間裡，難民的犧牲仍在持續。

有人說，不要追問原因和理由，我們必須去保護正在經歷痛苦的人們，需要聯合國難民署和人道救援機構的原因就在於此，如果沒有他們的行動，這個世界將充滿更多悲劇。

世界上還是存在無法對他人的痛苦置之不理的人，我相信正是因為有這樣的人，我們的世界才能夠一點一點的好起來。

UNHCR

孟加拉的庫圖帕隆難民營，
是我這段期間見過狀況最糟的難民營。
誰能想像這一望無際的木板房，
是個住著 100 萬人口的城市呢？

家人死去，而且是親眼目睹家人被槍殺。
那是什麼感覺？
羅興亞人根本不明白原因，就經歷了家人的死亡。

再次見到羅興亞人

二〇一九年五月　孟加拉

在孟加拉的庫圖帕隆難民營，有一處可以眺望到緬甸的高地，那裡就是羅興亞人被迫逃離的家鄉。無法返回近在咫尺的家園的人們；無法把出生長大的地方稱為祖國的人們；無法把去鄰居家作客、去工作、送孩子上學視為理所當然的人們——就是我遇到的羅興亞人。

二〇一九年五月，我在孟加拉的科克斯巴扎爾再次見到他們。

在剛發生大規模衝突後沒多久的二〇一七年十二月，我在庫圖帕隆難民營見到的羅興亞難民，大多很難開口道出自己的慘痛經歷。才剛目睹家園被燒毀，家人被殺害，難以開口述說是理所當然的。

他們默默無語，卻透過眼神向我傳達了更多。

在那之後又過了一年半，羅興亞人的苦難仍未結束，他們的故事卻漸漸被世界遺忘。我心想，必須持續提醒世界羅興亞人的困境，於是第七次的出訪地點，便定在羅興亞族難民營所在的孟加拉。

自二〇一四年參與聯合國難民署的活動以來，我是第一次再次出訪曾去過的難民營。這次，我又見到二〇一七年見過的兩戶人家。

二〇一七年在中繼站遇到的周河拉，現在跟兩個女兒和孫女一起生活在四號庫圖帕隆難民營，她的狀態看起來比二〇一七年好了許多。看到坐在對面的我汗如雨下，周河拉還笑著告訴我，自己也因為天氣太熱，每天要去公共澡堂洗好幾次澡。雖然她內心的傷痕並未完全癒合，但看到她能對再次到訪的異鄉人如此親切友善，不禁讓我很感激，也些許安心了。

周河拉講到在難民營的生活，忍不住低聲道出對兩個女兒和孫女未來的擔憂。每當遇到這種時刻，我都不知道該說些什麼才好，只能不斷的想：這種情況要到何時才能結束呢？

努拉意莎一家也是二〇一七年時我在中繼站遇見的，經過兩年，她的兩個女兒姆利阿滿和帕特瑪一下子長大了。當努拉意莎再次見到我，她的眼眶立刻泛紅，眼神彷彿蘊含著對於沒有忘記自己、再次來到的異鄉人的感動，和難以言喻的複雜情緒。

二〇一七年八月，為了躲避緬甸軍的鎮壓，努拉意莎倉皇逃出，和丈夫失聯了半年多。幸運的是，他們全家都平安逃到庫圖帕隆難民營，並在聯合國難民署的幫助下再次團聚。因為聯合國難民署的難民登錄手續是以家庭為單位，能更有效率的尋回失散的家人，也能幫助無人保護的未成年人尋找父母。

雖然努拉意莎有幸與丈夫重逢，但她的痛苦並未就此消失。丈夫受到在緬甸發生的爆炸事件波及，腰部重傷，使得努拉意莎必須擔起養家餬口的重擔。兩個幼小的女兒無法接受正規教育，也讓努拉意莎放不下心。

超過四十四萬名的羅興亞兒童，就像姆利阿滿和帕特瑪一樣，到了該上學的年齡，卻因為各種限制，無法接受正規教育。雖然聯合國難民署規畫了學習空間，提供基礎教育，但沒有畢業證書或正規結業證明，孩子們未來也難以繼續在孟加拉或緬甸受正規教育。

儘管在緬甸經歷了慘不忍睹的遭遇，努拉意莎卻希望有朝一日能回到母國，她還經常跟丈夫聊起家鄉的事。

「如果孩子可以獲得安全的保障，如果我們可以像緬甸的其他人一樣獲得尊重，如果我們可以過平凡的日子，無論要等到何時，我們都想回去。」

聯合國難民署所扮演的角色不只是幫助難民生存，還要維護他們身而為人的尊嚴。即便過著難民的生活，也應像普通人一樣受教育、培養能力，為將來作準備，並幫助他們找到夢想。聯合國難民署的難民「保護」概念也包括這一點。

在難民生活變得長期化的庫圖帕隆難民營裡，也為此不斷努力著，聯合國難民署會分析難民的需求，為他們創造可以自食其力、提升自我價值的機會。像是確保女性權利、保護孕婦、為防禦梅雨和颱風展開的土地維護、維修道路、預防傳染病，以及預防附近的大象與人類接觸等，這些活動也成為難民營中的青少年度過漫長一天的動力。

聯合國難民署科克斯巴扎爾辦事處的代表馬琳・帝・咖州卡基，深信這些活動的規畫核心，應來自庫圖帕隆難民營的難民：「難民是和我們一樣的普通人，即便我們在保護和援助他們，但難民營內需要什麼，只有他們自己最清楚，因此所有的規畫都應該從住在難民營裡的這些人開始思考。」

事實上，見過羅興亞族志工後，便能了解這些活動可以對難民的心理產生正面影響。對人類而言，哪怕是做一件微不足道的小事，也會在自己的人生裡留下非凡的意義。

最後一天，我們再次來到庫圖帕隆中繼站，我在那裡遇到一個月前才逃到孟加拉的馬赫慕德一家。聽說逃往孟加拉的人數雖有減少，但仍有很多羅興亞人遭受迫害。有時羅興亞人為了躲避危險，還是會逃到孟加拉來。

馬赫慕德是三個孩子的父親，儘管他們在緬甸遭遇不幸，但他仍覺得緬甸是自己的祖國，所以選擇忍耐，一直沒有逃走，但最後連妻子和孩子的基本生活需求都失去保障。馬赫慕德夢想能回到祖國緬甸，他說自己的國家是民主國家，身為國家的一份子，他希望能享有公民的基本權利。馬赫慕德聲稱的基本權利，對今天生活在大韓民國的人民而言，正如同水和空氣一樣。

馬赫慕德還說：「移動的自由、工作的自由、以工作維持生計的自由、擁有土地的自由和孩子受教育的自由，我希望我們和緬甸所有人一樣，擁有同等的資格生活著。」

我也遇到了負責管理難民工作的孟加拉政府官員。儘管孟加拉本國經濟蕭條，但他們從沒封鎖過國境，拒絕難民。十幾年來，他們都寬容的接納、保護著羅興亞族難民。那位官員告訴我，這種寬容的根源不是來自政府，而是人民，身為能寬容接納難民的國家，我們有信心能將孟加拉社會，和羅興亞族難民緊緊連結在一起。

但一百萬終究不是個小數字，必然會帶來資源匱乏和環境汙染等隱憂，也會導致社會經濟失衡等利害衝突。長期以往，恐怕也很難期待當地居民能一直保持寬容的心胸，這也正是孟加拉政府的苦惱和擔憂。

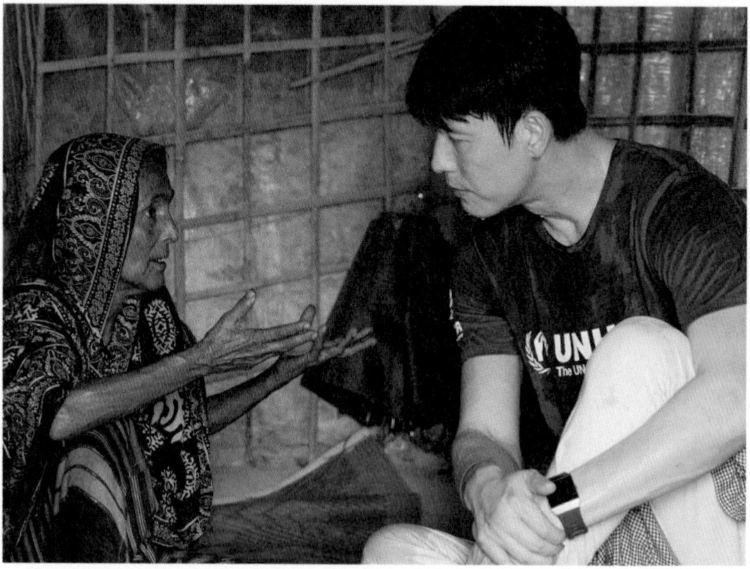
UN
The UN

第六章

突然到訪的異鄉人

2018 年 6 月
濟州島

二〇一八年六月二十日，再次來到世界難民日這天，我在自己的Instagram貼出之前出訪孟加拉庫圖帕隆難民營的照片，寫下呼籲關心難民的文字：

這裡是我去年出訪的孟加拉庫圖帕隆難民營。在這個世界規模最大的難民營裡，住著十幾萬等待重返家園的羅興亞族難民。今天是世界難民日，目前全世界有六千八百五十萬人失去家園，一千六百二十萬人在二〇一七年被迫離開故鄉。今天，請大家心繫難民，理解他們，成為他們的希望。

我還貼出聯合國難民署針對濟州島的葉門難民申請者的聲明，並向當時為來到濟州島的葉門難民提供幫助的政府和濟州島民表達感謝。最後提到聯合國難民署的明確立場：因葉門目前正處於嚴重的人道危機中，因此不可強制遣返這些難民申請者。

有生以來最大規模的惡評

沒想到，這一天都還沒過完，網友評論就吵翻了天。網路上有支持我和聯合國難民署立場的人，也有一派人針對此事提出批判。有人指出「不該用情緒化的態度看待難民問題」，還有人提到「如果你不理解發起連署要求禁止收容難民的人的立場，就不要在那裡訴求希望了」，甚至還有人說「這都是生活富裕的人才會有的想法」、「不能讓任何一個難民到韓國來」……青瓦臺的連署網站上，也有七十多萬人發起反對批准難民申請的連署。

自二〇一四年參與聯合國難民署的活動以來，我為了履行自己的職責，常上電視和接受媒體採訪，也會在自己的社群網站發表文章和照片，但這樣的反應還是第一次。過了幾天後，事態仍未見平息，每天還是有幾十、幾百則批評和詆毀的留言湧入。至今為止，我只看過對我那尚嫌不足的演技提出批評指教的留言，但把那些全加起來都沒有這次嚴重。出道二十年，這是頭一遭。

當難民從「別人」的問題變成「我們」的問題

看到這些反對聲浪，我身邊的人都很驚慌，也為我擔心，聯合國難民署韓國辦事處的立場也變得有些為難，我卻完全不感到意外。某幾次參與活動時，我也曾捫心自問：「如果這些難民來到韓國，我們的社會會接納他們嗎？我們能夠產生多大的共鳴？我們的社會，究竟有多理解難民？」正因為我知道這是一個很難立刻產生同理的問題，所以看到這些反應並不覺得驚慌失措，只能說，這樣的情況比我預期得更早發生了，才會出現如此激烈的反彈，我也認為自己有必要去理解持反對立場的人，以理解作為基礎，向他們好好解釋、進而說服他們。

其實我只是跟往年一樣，在世界難民日當天發表了一篇呼籲大眾關心難民問題的文章，但不同的是，這次多放了一段聯合國難民署的官方聲明。一位朋友猜測，會不會是那篇官方聲明寫道：「聯合國難民署堅決不允許強制遣返任何一個葉門人。」這點激怒了大家。這也是有可能的，以保護難民為使命的國際機構在發表聲明時，措詞難免會有些強硬，大眾並不熟悉這種斷然的表達方式，所以感到吃驚。

我認為過去我們之所以能寬容地看待難民問題，是因為我們把它當成「其他國家的問題」，當這個問題來到眼前，我們體認到這是自己的問題後，才終於開始袒露真實的想法。因此，針對眼下發生在我們社會的難民問題，「溝通」顯得尤為重要。我們必須拋開錯誤的訊息，收起毫無建設性的情緒，此時此刻，我們需要面對面坐下來，用對話來解決問題。

「對鄭雨盛而言，惡評是什麼？」很多人擔心這會讓我的演員生涯受到影響，畢竟演員是非常注重形象的職業。這是當然會產生的擔憂，但我還是不能只考慮一己的得失，更何況我還擔任親善大使，面對這種問題，哪能沉默呢？我是受到大眾喜愛才有了今日的成就，光從回報社會的角度來看，我都不該把個人得失放在首位，對問題坐視不管。

我覺得有必要搞清楚那些持反對意見的人的想法，所以仔細的一一讀了他們的留言。平常我不會去看那些與「明星鄭雨盛」有關的內容，就算看了也不太在意，因為我明白即使是誇獎，也都不是屬於我個人的。但這次情況不同，這次的輿論會對很多難民和聯合國難民署造成影響，不是我說不在意就能過去的事。為了與那些反對的人溝通，首先必須知道他們為什麼這樣想，在逐一閱讀留言的同時，我也試著去理解他們的心。

難民問題，終究是我們社會的問題

讀了留言後，我發現人們對難民的顧慮並不只是單純針對難民本身，更多的其實是針對自己的生活以及對國家的職責。人們質疑國家是否真正關心本國人民的安全，是否關心國民收入和基本生活權益保障。

提出反對濟州島收容難民的言論最多的，是二十代[8]的年輕人，看到這樣的現象，有人單純地認定這是「二十代年輕人保守化」。我不同意這說法，現在的二十代年輕人有什麼錯呢？

8「代」為韓語中年齡層區段的統稱，例如十代為十到十九歲。

請先思考一下，二十代年輕人此刻面對的困境，以及國家對此展現的態度。學費高漲、就業困難、結婚率下降，沒有一項是國家幫忙解決的，反而一直強調要靠一己之力，要他們對自己的人生負責。就在這種時刻，五百多名葉門難民忽然來到濟州島，如果葉門難民能獲得連自己都無法享有的福利，這些年輕人怎麼能不產生剝奪感？

現在二十代年輕人的困境，真的單純只是他們自身的過錯嗎？這其實是上一代人製造、缺乏完善制度所留下的後遺症。年輕一代反對難民的情緒在於：「我們都聽你們的，可是為什麼最後吃虧的反倒是我們？」這難道不是他們對上一代人發出的抗議嗎？

女性的擔憂也一樣，面對直到如今也不嚴懲性犯罪、解決安全問題的國家，女性當然會心存質疑，倘若發生危險，國家真的會保護自己嗎？

在這樣的時間點上，大韓民國所面臨的難民問題並不單純只是難民的問題，其中也包含本國的社會問題。我認為問題的核心不是接受或不接受難民，而是要傾聽那些向國家呼喊：「不要只顧難民，也請照顧一下我們，我們也生活在這裡！」的聲音。

葉門人的難民申請問題促使韓國社會存在的矛盾浮出了水面，我認為這是一個好機會。如果能妥善處理難民問題，我們便會成為更加成熟的大韓民國。經由這次事件，讓我們看到被社會疏遠的階層，希望以此為契機，去幫助這些人。此外，也希望大韓民國藉由這次機會，針對難民和其他各種爭端，在國際社會上扮演更好的角色。

關於濟州島葉門難民的誤解與真相

二〇一八年的世界難民日將至之際，我收到濟州論壇（Jeju Forum）的邀請。第十三屆以「和平與繁榮」為主題的濟州論壇，在濟州國際會議中心召開，我參與了其中的交流講座，與JTBC電視臺的金燁奎記者進行對談，主題是「在路上的人們：世界難民問題的現在與未來」。

有關突然來到濟州島的葉門難民申請者，外界流傳著各種未經證實的傳言。以主持《新聞室》中〈事實查核〉單元而出名的金燁奎記者，就這些未經證實的消息向我提出了幾個問題。我正好一直很想糾正那些誤會，十分感謝他們提供了這樣的機會。我以當時對談的內容為基礎，整理出以下幾點誤會澄清。

誤解1：戰犯或恐怖份子也能獲得難民身分

大家或許是看到歐洲等地出現的恐怖攻擊，所以很擔心罪犯或恐怖份子會混在難民之中來到韓國，但這種擔憂多少存在著誇張的想像。

首先，韓國具有非常嚴格的難民審查流程，難民審查不只是確認護照和進行簡單面試，而是要依據《難民地位公約》和韓國的《難民法》，以國際標準進行嚴格、繁瑣的審查。過程中，難民申請者必須徹底公開身分，因此幾乎不存在罪犯或恐怖份子獲得難民身分的可能。

如果申請者在本國、或前往第三國的過程中有犯罪紀錄，就很難獲得難民身分。站在審查國家的立場，只要出現一次失誤就可能陷入難堪的處境，因此一定會嚴密的調查申請者在本國做過什麼、到韓國的目的。因此審查才需要很長的時間，進而造成數百人等待審查的情況。

誤解2：難民申請者是以求職為目的的假難民

媒體曾報導，葉門難民申請者中有部分人是以非法就業為目的來到韓國，甚至還有求職仲介參與其中。這是誤會。法務部表示，為了協助葉門難民申請者提交難民地位申請資料，有幾名行政人員去過訪查室，我想媒體應該是把他們當成仲介了。

我們在需要法律知識時也會諮詢律師，況且是那些初來乍到的葉門人，怎麼會懂得難民申請程序呢？在兩者之間仲介並賺取手續費的人確實是仲介，但重點在於，大家不該把真正幫助葉門人的仲介看成非法職業。仲介有誠心誠意幫助難民的，也有勒索、陷難民於困境的，關鍵應該是遏止圖謀不軌的仲介。

而韓國政府在審查過程中也不會讓另有企圖的仲介提交的假資料通過，大韓民國政府可不是那麼容易應付的。

誤解3：大部分難民都想定居在第三國

難民跟以經濟為目的的移民不同，他們是在突如其來的亂局中失去家園，在那裡得不到保障，無奈之下才選擇離開。

我在難民營遇到的難民，幾乎所有人的夢想都是回到母國，重拾和平的故鄉生活。他們並沒有把現在的狀態視為安定的日常，即使生活在受保護的國家，也很少打算長期定居。大家都認為自己是暫居在此，等待回家的那一天。他們都期待盡快找回自己遺失的人生。

有些人則是為了子女的醫療需求和教育，希望臨時停留，所以會申請入籍。但入籍流程依然十分嚴格，就算通過了繁瑣的流程入了籍，還是有很多人希望可以回到母國。

回想一下韓國的歷史吧。從舊韓末期到日帝強占期，那些遠走滿洲、俄羅斯、中國和日本等地的先人，難道是帶著到那裡定居的目的離開家鄉嗎？他們都是迫不得已，期盼終有一日重返故國的心離開的，每個人都夢想著祖國解放後能夠返家。「臨時政府」不正是帶有「暫時」的涵義嗎？現在的難民也是如此，他們都想重返家園。

難民和主動移居的移民不同，正是為了區分這一點，才有嚴格的難民審查機制。

誤解4：伊斯蘭難民很危險

很多人會用接納伊斯蘭難民的歐洲舉例，擔心韓國也會發生恐攻或性犯罪等案件，面對這些擔憂，社會也開始流傳各種假新聞。但即使伊斯蘭難民可能存在極少數有極端主義傾向，也不能妄下定論說所有伊斯蘭難民都這樣吧？

根據聯合國難民署的統計資料，難民的犯罪比例極低，比本國人民的犯罪率還低。此外，一個社會中的個人犯的罪，怎麼能看作是難民的問題呢？難道不是個人的脫序行為嗎？如果發生這樣的問題，就應該根據該國的法律體系加以嚴懲。

在這裡我想提一件令人難過的事，二〇〇七年，美國維吉尼亞州發生了一起校園槍擊案，兇手是一名韓裔學生。那次殘忍的槍擊案造成數十人身亡，如果美國人因此事就妄下結論，說韓國人中說不定還有殺人魔，那我們會作何感想？

用極少數的案例去定論所有難民，尤其是把所有伊斯蘭難民當成潛在罪犯，這是歧視。帶有誤解和偏見的看待難民，只會產生更多不安，這也是為什麼我們必須冷靜看待難民，也需要接收正確訊息的原因。

誤解5：葉門內戰，與我們毫不相干

由遜尼派政府與什葉派反對勢力展開的葉門內戰，讓許多人會有這種想法：「他們之間的宗派鬥爭，關我們什麼事？」不妨再深入思考一下，紛爭的背後其實隱藏著西方列強的利害關係。表面上只是單純的宗教派別矛盾，其實底下牽扯著政治權勢和資源分配的問題，因此紛爭與戰爭很難果斷獲得解決，最終還是需要國際社會運用政治斡旋，尋求解決方案，而能夠給國際社會施加壓力的，就只有輿論了。

身為聯合國難民署親善大使，我能做的就是把難民的痛苦和困境告訴世人，以此呼籲大眾關心難民的遭遇，使大家更了解其嚴重性和根本原因。我相信只要有越多人關心難民，要求各國解決難民問題的呼聲也會越來越高。

誤解6：韓國已經在保護「脫北者」這樣的難民了

很多人存在的誤會是，以為居住在韓國的脫北者也是難民，其實脫北者也是大韓民國的國民。大韓民國憲法指出，整個朝鮮半島都是大韓民國的領土，所以北方的人也應屬於大韓民國國民。只是國家目前處在分裂的特殊狀態下，所以無法賦予他們大韓民國的國籍，但當他們踏上大韓民國政府的領土管轄範圍時，就會立即賦予國籍，並獲得定居援助等福利，享有大韓民國國民的資格。

但有些遠離朝鮮半島、暫時滯留在其他國家，且不知何時會遭到強制遣返的脫北者，就可稱為難民。長期以來，我們一直關注北韓的人權問題，若脫北者被強制遣返，可能會面臨生命危險，所以我們一直都反對強制遣返。

反對強制遣返葉門難民的理由也一樣，如果把他們送回葉門，沒有人能保障他們的人身安全。

誤解7：比韓國富裕的日本也不接收難民

這並非事實。日本也是聯合國《難民地位公約》締約國，擁有先進的難民審查流程，甚至比韓國更早引進難民安置制度。之所以會產生日本不接收難民的誤解，是因為日本接收難民的認證率低於韓國。像這樣斷章取義的散布誤導的言論，是很危險的。

日本每年向聯合國難民署的捐款超過一億五千萬美元，相當於人均負擔一美元；韓國每年捐款兩千兩百萬美元，相當於人均〇．三八美元。雖說兩國的經濟規模不同，但我們與日本之間還是存在很大差距。

大韓民國已是世界經濟規模第十一大的國家，因此世界會要求我們負起相應的責任。我們成為亞洲第一個頒布《難民法》的國家，雖然接收的難民人數少，但還是有持續在接收難民。

難民問題是國際問題，是需要靠政治解決的問題。透過國際政治解決難民問題，不僅能鞏固大韓民國的地位，好讓我們的聲音具有更大的力量，在外交上也能為保護國家利益增一份力。為了能讓身為國際社會一份子的大韓民國盡職、盡責，此時此刻，更需要凝聚國民的關注和智慧。

不能連申請幫助的機會都阻斷

面對突然抵達濟州島的葉門難民申請者，韓國政府下達了禁止他們離開濟州島的限制措施，又更進一步將葉門列為持有簽證才能入境的國家[9]。這是徹底從源頭封殺入境的葉門人，不允許他們來到韓國。在人權考量下，這是不可取的行為。用簽證限制難民入境，不但違背了《難民地位公約》的理念，甚至剝奪了難民申請幫助的機會。

難民申請者無法一直依賴援助，他們都希望找到工作、自食其力。來到濟州島的葉門難民申請者，大多數人已經結束難民審查，獲得人道主義滯留許可，也解除了禁止離開濟州島的限制。但當時因為受到限制，他們很難找到適合的工作。

如果可以踏出濟州島，他們可以向已在韓國定居的葉門人團體求助，並且自食其力、解決食衣住行等問題，這樣才能讓政府和濟州島都減少負擔。遺憾的是，政府因為過度擔憂輿論，下達了禁止他們離開濟州島的限制。

人權問題沒有先後順序

有人問我：「難民的人權比大韓民國國民的人權還重要嗎？」這不是誰比誰更重要、或誰沒有誰重要的問題。人權問題沒有先後順序，身而為人，都擁有受保護的權利，韓國人民的人權與葉門難民的人權同樣重要。

---

9 為發展觀光，濟州島有針對外國旅客免簽三十天之旅遊措施，葉門難民即利用該措施來到濟州島，尋求庇護。

濟州島的五百多位葉門難民暴露出韓國的社會問題，同時也成為促使我們思考，大韓民國應該在世界扮演什麼角色的契機。擔心子女安全的母親，擔心工作機會被搶走的青年，這些顧慮都不能置之不理。我並不希望這些人的擔憂被忽略，而是呼籲大家一起尋找一個可以同時解除國民擔憂、又能保護難民的明智方法。

政府必須正視國民的憂慮，積極解決問題，也應該為女性和兒童安全、青年就業及安定的生活，制定更有效的政策。

此外，站在國民的立場，我們應該為了大韓民國，遵循《難民地位公約》和《難民法》，冷靜看待難民問題。

難民比我們更需要智慧型手機

有人看到濟州島的葉門難民拿著智慧型手機，便說他們是假難民，這是一種偏見，覺得難民就該衣不蔽體、餓肚子。不要忘記，他們只是由於特殊情況，無法返回家園的平凡人。

正如我們認為智慧型手機是必需品一樣，對難民來說，智慧型手機也不可或缺，更準確的說，他們應該比我們更需要手機。因為智慧型手機是唯一可以與還留在母國的親人保持聯繫的工具，不只能靠手機確認親人的生死，還可以向親人報平安。此外，難民還能用手機了解世界上正發生的事，獲取如何在這初來乍到的新國家生活下去的訊息。

聯合國難民署曾針對世界各地的難民和保護對象展開問卷調查，調查結果顯示他們認為智慧型手機是最重要的，就算餓肚子也無法放棄手機。也許你會問，他們在紛亂之中，怎麼有辦法在這裡使用昂貴的國際漫遊？其實難民不是用母國的國際漫遊服務，而是在當地購買最廉價的SIM卡，或在有WIFI的地方使用免費網路，因此他們更需要具備這些功能的智慧型手機。

我在濟州島遇到的葉門難民

既然都去了濟州島，如果不跟濟州島的葉門難民申請者見面就太奇怪了，因此在參加濟州論壇前，我向聯合國難民署提出，希望可以見見他們。

我跟六名葉門難民申請者見了面，他們暫時住在先來此定居的同胞家裡。他們都是具備專業的人士，有兩名記者、一名電腦工程師、一名硬體工程師、一名廚師，還有一名居然是前任自由車國家代表。我曾聽說有人看到葉門難民申請者身著名牌服飾，就說他們是假難民，但他們不過是穿著自己的衣服來到濟州島罷了。

隨著內戰激化，政府軍和叛軍開始徵召成年男性入伍。我們在六二五戰爭時，不也有人被國軍徵召，甚至被人民軍強行帶走嗎？在葉門，政府軍和叛軍都會衝進民宅強徵成年男性，如果他們拒絕，家人就會被當成人質帶走，以此要脅。因為不想參與戰爭，也不知道該支持哪一方，為了不徒增家人負擔，迫於無奈才離開家鄉。因此大部分葉門難民申請者都是年輕男性，有人針對這點提出質疑，懷疑他們都是為了賺錢才來的。但只要了解事件背景，就不會有這種誤會了。其中一位來自葉門的記者還曾因寫了擁護叛軍的新聞被抓去嚴刑拷打，好不容易才逃出來。

葉門難民怎麼來到濟州島的？

大部分來到濟州島的難民是經由馬來西亞來到韓國。馬來西亞與韓國不同，沒有簽署《難民地位公約》，因此他們只能在馬國無簽證滯留九十天。不能返回葉門，也無法繼續留在馬來西亞，這些葉門人陷入進退兩難的局面，只好尋找下一個可以去的地方。在他們可以去的極少數地方中，其中一個就是濟州島。濟州島的特別法允許免簽入境，剛好當時馬來西亞航空開通了濟州島航線，這些葉門人看到航空公司的宣傳後，決定飛往濟州島。

韓國政府宣布禁止葉門人離開濟州島後，葉門難民申請者帶來的現金已經用盡，最後流落街頭。事態發展至此，政府才立刻批准了特別就業許可，原本難民申請者以申請日為基準，要六個月後才能就業，但考量他們已經無法再撐六個月，才下達了特別命令。而葉門難民申請者找的工作都是韓國人不喜歡從事的養殖業、漁業和餐飲業等，四百多名葉門人在就業說明會上很快就找到了工作，可見濟州島的3D職業[10]是多麼缺乏人手。

不夠完美的人道主義滯留許可

有關濟州島葉門難民申請者的爭論持續延燒了兩個月，仍不見稍減，憎惡難民和營造不安氣氛的假新聞依舊四處流竄。這些針對難民的憎惡左右了媒體走向，政府更因此受到影響，無法積極作為、保護難民。

從給予四百一十二名葉門人的人道主義滯留許可，就可看出端倪。獲得人道主義滯留許可的難民可以離開濟州島找工作，迫切的生計問題暫時得到解決，但效期只有一年，一年後還要再次申請。雖說只要不觸犯法律，原則上都會通過，但這與三年申請一次的難民身分相比，還是存在很大的不確定性。

10　3D職業，指骯髒（Dirty）、危險（Dangerous）、難度高（Difficult）的工作。

站在希望他們都能獲得難民身分的立場，我對此結果感到十分遺憾。但考慮到政府的兩難，也能理解這種最低限度的保障，是目前最好的決定了。

第七章

踏上他們的逃難之路

2018 年 11 月
吉布地、馬來西亞

二〇一八年春天，五百多名異鄉人來到濟州島，卻使得人與人之間產生懷疑，懷疑進而演變成不安，不安最終衍生出憎惡與排斥。我們對於他們冒著生命危險離開的祖國葉門，以及那裡發生的複雜內戰一無所知，也不明白這些異鄉人為什麼要到遙遠的韓國來，對他們迫切渴望得到的難民身分，更缺乏正確認知。

炎熱的夏天過後，我心想著應該做些什麼。雖然努力去理解網友留言的背景，持續透過媒體呼籲關注難民問題也很重要，但我始終認為自己應該再多做些什麼。

我向聯合國難民署提議希望造訪葉門，因為我覺得若能如實把我親眼所見的葉門難民經歷傳達出去，韓國社會也許就不會一直用憎惡眼光去看待他們了。

但我無法去葉門，根據大韓民國外交部規定，內戰中的葉門被標示為黑色警報（禁止旅遊）國家，如果一定要去，就必須獲得外交部許可。另外還有一個原因是真的太過危險，聯合國難民署要承擔的風險也太大。

雖然不能親自造訪葉門，但我還是想傳達他們的實際情況。就這樣，我想到了一個辦法，不如親自走一遍他們逃出葉門後、直到抵達濟州島的路線。經過討論後，我們定出計畫，決定訪問吉布地。

又小又貧，卻熱情接納難民的吉布地

一九七七年，擺脫法國統治獨立的非洲國家吉布地，是一個只有十七萬人口的小國。位於非洲東部的吉布地與葉門隔著紅海相望，葉門在二〇一五年爆發內戰，十幾萬葉門人逃到吉布地，這就是葉門人逃難之路的第一站。

吉布地是世界上最貧困的國家之一，但她仍竭盡全力的收容和

UNHCR

保護了三萬多名難民。經過了數十年，目前有約四千五百名葉門難民長期居住在此。難民取得吉布地政府認可的難民身分較為容易，由此可見吉布地人對於難民是敞開心胸的，即便自己的生活也不富裕，仍肯拿出有限資源分享給葉門難民。但當地的貧困讓難民很難找到工作，因此部分難民只好再次離開，前往無法長期居留的馬來西亞，最後輾轉來到濟州島。

從首都（首都也叫吉布地）坐船往北一個小時，便抵達一個叫奧博克的小港口，馬爾卡滋難民營（Markazi Refugee Camps）就坐落在這個有著約八千人口的地方。後來政府考量到城市規模小，居民生活也不富裕，打算把難民營搬去別的地方。沒想到當地居民卻反對遷移難民營：「我們可以分享這裡的資源，一起生活。」從結果來看，這裡的地區經濟稍有好轉，不禁讓人覺得，這裡的居民比任何先進國家都更尊重人的尊嚴。

一定會等到幸福來敲門

我在馬爾卡滋難民營遇見了蘿札。內戰讓十九歲的蘿札失去開計程車維生的父親。母親為了保護孩子，二〇一五年帶著她從葉門首都沙那逃出。蘿札和母親、哥哥和弟妹，就這樣來到小港口奧博克的馬爾卡滋難民營。

我走進蘿札母親和四個兄妹一起生活的居所，最先映入眼簾的是堆在角落的書。通常人們會認為難民最需要的是維持生活基本需求的民生用品，其實這也是一種偏見。對這些想成為牙醫、教師、國際機構職員和飛行員的孩子而言，最需要的是可以學習到知識的書籍。他們不能去學校，但能從書上學到英語和挪威語，也能學習計畫未來的方法。這樣的蘿札明白了一個驚人的事實。

蘿札把父親唯一的遺物——計程車駕駛執照拿給我們看時，眼眶

瞬間泛紅。父親為了幫腎臟不好的母親買藥，也要買些食物給大家吃，出門後就再也沒有回來。蘿札訴說著悲傷的回憶，隨即又睜大明亮的雙眼，堅定的說：「但沒有人能難過一輩子。」

就像沒有會持續一輩子的難過與苦痛，等那段時光過去後，一定會迎來幸福。少女用閱讀，過早的從痛失父親和祖國的殘忍現實裡明白了這一切。我一時之間只能默默無語，看著因大人的過錯而早熟的孩子，總會被歉疚和羞愧席捲。

蘿札的世界除了因內戰而瓦解的祖國葉門，只剩下這個夏天氣溫高達五十度的小國吉布地，這就是全部了，韓國對她而言完全就是外面的世界。蘿札聽說韓國住著許多跟自己處境相同的人，她再次向為了傳達訊息而前來的我表示感謝。我想起我們對那些跟蘿札一樣，因相似理由逃到濟州島的五百多名葉門人的態度和反應，心裡覺得實在沒資格接受她的感謝。

不知道我在想什麼的蘿札面帶笑容的說：「我聽說大韓民國是個親切、友善的國家。叔叔回去後，請告訴大家，我們不是主動離開葉門的，我們只有一個心願，就是盡快回到重拾和平的母國。為了迎接那一天，我會努力讀書，希望能一邊工作、一邊規畫未來。」

國際社會忘記我們了嗎？

帕瓦滋跟妻子和三個孩子也一起生活在馬爾卡滋難民營，他在葉門經歷了兩次生死浩劫。直到親眼目睹就在幾步之遙的汽車瞬間爆炸後，翌日他便毅然決然帶著家人逃難。孩子的生命隨時都受到威脅，只要想到這點，帕瓦滋便再也無法忍受。

帕瓦滋在難民營裡的高中教英語，這裡的生活對他而言十分沉悶且處處受限。由於醫療環境特別差，帕瓦滋總是擔心會爆發傳染病。雖然在吉布地至少擺脫了死亡的威脅，但他仍難以甩脫不安感，擔心自己無法撫養一家人。

帕瓦滋問我：「我們都很感謝吉布地政府，但吉布地本身也經受著各種苦難，若沒有國際支援，我們很難一直受到保護。我想問您，難道國際社會忘記我們了嗎？」

帕瓦滋送我們到港口，望著我們漸漸遠去的船，彷彿希望我們不要忘記他們。

從吉布地到馬來西亞

跟隨葉門難民逃離的路線，我們離開吉布地，前往馬來西亞。出乎我意料之外，原來馬來西亞正以另一種方式在保護難民。馬來西亞沒有簽署《難民地位公約》，也沒有自己獨立的《難民法》，但

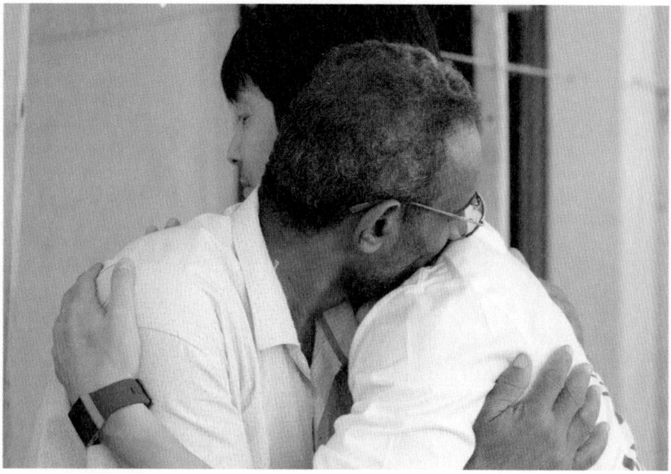

並不等於他們沒有保護難民。

馬來西亞政府不授予任何人難民身分，但仍有約十六萬兩千名不同國籍的難民居住於此。來到馬來西亞的難民經過聯合國難民署審查後，可以獲得難民身分證，只要持有這種身分證，就不會因為工作而被逮捕。我頓時醒悟，無論是否簽署《難民地位公約》、是否通過《難民法》，世界上還是有很多國家像馬來西亞一樣，默默的收容難民並金供實質保護。這對於每次提到必須保護難民的理由時，總是極力推崇《難民地位公約》和《難民法》的我，是一個非常重要的全新思考。

我們也一定會幫助你們

我們在吉隆坡見到阿帕杜爾薩蘭一家，他們以城市難民的身分生活在那裡，因為非《難民地位公約》締約國的馬來西亞沒有設立難民營。二〇一五年五月，阿帕杜爾薩蘭帶著一家六口，從伊斯蘭什葉派胡塞叛軍的占領地逃出，好不容易跨過國境、抵達了沙烏地阿拉伯，但十天後收到了出境通知。曾在埃及留過學的阿帕杜爾薩蘭希望可以去埃及，但申請埃及簽證需要二十一天。這時他想起曾在自己工作的葉門旅遊局看過馬來西亞的宣傳影片，於是免簽證的馬來西亞成為當下唯一的選擇。

來到馬來西亞後，阿帕杜爾薩蘭找不到收入穩定的工作，只能在惡劣的環境下靠做翻譯賺取房租、生活費和子女教育費。對外國人而言，馬來西亞的醫療費用相當高，於是在聯合國難民署與當地醫療機關協議下，聯合國難民署會為這些人提供一半補助。除了四歲的小兒子阿瑪日，其他三個兒子都在葉門難民團體幫助下，在附近的學校就讀，有時同鄉們也會幫助他們解決生活費不足的問題。只要有人需要幫助，大家都會各出一點力、共同度過難關，這跟在海外的韓僑群體一樣。難民也是在海外集結成為群體，一起融入陌生的社會，互相幫助，自力更生。

阿帕杜爾薩蘭對在馬來西亞的生活感到滿足，但又很羨慕去濟州島的同胞。因為他明白在馬來西亞，自己無法獲得官方給予的身分，但去了韓國的同胞都獲得了「難民」的特定身分。

我遇到的大部分難民並不在乎自己滯留的國家以及該國的貧富，他們更重要的考量是自己會不會遣返、會不會有生命危險。他們希望不用承擔可能會被強制遣返的風險，比起自由，更需要安全的身分，因此他們都想去能獲得「難民」身分的國家。

阿帕杜爾薩蘭聽聞韓國給了葉門難民申請者人道主義滯留許可，他感到欣慰，也不忘誠懇的告訴我：「我的祖國葉門正在遭受破壞，現在沒有人能回葉門。向身處困境的人伸出援手是人類的本能。如果是韓國人陷入困境，我們也一定會幫助你們。」

請看著我們的眼睛，傾聽我們的故事

與阿帕杜爾薩蘭道別後，我們來到聯合國難民署馬來西亞辦事處，在由葉門難民團體主持的會議上，我見到了五位葉門人，他們在此生活的時間短則兩年、長則八年，大家都很擔憂長久不停的內戰。原本預想的時間是六個月到一年，沒有人想到過了這麼久還是無法回家，帶在身上的財產也早就用完了。就業困難、子女的教育問題、不穩定的身分、沒有盡頭的難民生活，以及不斷來自母國的噩耗，一切都壓得他們喘不過氣。

我的心情比出發前更沉重了，回到韓國，也不知道該用什麼方式把自己的所見所聞傳達給不理解難民立場的韓國人民。

UNHCR
UNHCR

我只是近距離的看到了他們所處的晦澀現實，而我能做的就只有尋找一個機會，把一切告訴大家。

葉門是一個我們不了解也不曾關注的國家，他們卻對韓國了解甚多。韓國在國際社會的地位遠比我們想像得更突出，K－pop、電視劇和電影，三星和LG，現代和起亞……在他們眼中，韓國不只是全世界在最短時間內實現耀眼經濟成長的國家，也是擁有豐富文化、人民勤勉誠信的國家。韓國也是有充分的能力和意志，接納冒著生命危險逃出戰火的難民的國家。

我們希望將什麼樣的大韓民國傳承給下一代呢？我們經歷了戰爭和無家可歸的歷史，一步步鞏固朝鮮半島的和平。倘若我們對那些尋求庇護的人置之不理，那我們又如何堂堂正正的把大韓民國交給下一代？

難民是需要國際社會保護的人，國際社會根據法律賦予他們身分、給予保護，因為人權不該有差別待遇，只有當所有人都獲得了平等的身分和權利時，我的人權也才能得到保障。

難民的歷史是弱勢的歷史，從各個方面來看都與韓國的歷史有太多相似之處。經歷了帝國主義和冷戰時期的獨立與分裂，再由政治矛盾演變成內戰。我們都很清楚在這個過程之中，遭受巨大磨難和痛苦的都是無辜的百姓。韓國的歷史，正是我們必須保護他們的理由。

最後一天，我見到葉門難民團體代表穆罕默德，他的一番話至今讓我記憶猶新：「若想了解葉門和葉門人，不要只看新聞或道聽途說，請先看著我們的眼睛，傾聽我們的故事吧！在葉門究竟發生了什麼？葉門人為什麼無奈離開心愛的祖國？在這世上，沒有人比葉門人更清楚了。」

擁有 97 萬人口的小國吉布地裡，只有 8000 人的小城市奧博克。
當政府準備遷移奧博克的難民營時，居民卻反對：
「我們可以分享這裡的資源，一起生活。」
我不禁想：難道先進國家與發展中國家的不同，只在經濟的貧富嗎？

難民不是特殊份子，
他們只是處在不尋常狀況下的平凡人。

UNHCR

後記

最近，就讀首爾亞洲中學的孩子們經歷了一起重大事件，來自伊朗的同學旻赫（韓國名字，伊朗名字未公開）由於沒有獲得難民身分，遇到將被強制遣返回國的危機。旻赫不只面臨強制遣返的問題，他還改信奉其他宗教，觸犯了伊斯蘭教的禁忌，假如旻赫被遣返回伊朗，依照法律是要處死刑的。

得知這件事後，旻赫的朋友金知友、朴智珉和崔賢俊十分擔心，他們不知道該為旻赫做什麼，也不知道自己能做些什麼。關於難民，他們了解的只有針對濟州島葉門難民申請者，不同立場展開的爭鋒相對。就這樣，亞洲中學學生會以這三位學生為首，向青瓦臺發起國民請願，還在青瓦臺門前自發性的展開一人接力示威及遊行集會。

值得慶幸的是，旻赫最終順利取得難民身分。但人們並沒有給予這些孩子善意的肯定，外界曾對我的批評指責也同樣鎖定了幾個僅十六歲的孩子，尤其有很多人看他們年齡小就相當輕視他們。得知這些孩子的故事後，我很敬佩他們能在困境中挺身而出的勇氣，也想為他們默默承受那些原本不必聽到的責難，送上掌聲。

從吉布地和馬拉西亞回國後，在《韓國赫芬頓郵報》的引介下，我見到了那幾個孩子。他們的外表雖然稚氣未脫，言談舉止卻很有自己的主見，目光也堅定自信。我告訴他們蘿札和在吉布地遇到的難民的故事，還問了他們一個問題：「如果你們成為難民，會帶什麼東西離開？」

孩子們的答案都不一樣，他們提到了吉他、聖經、現金和智慧型手機等。其中一個孩子說，希望能彈吉他，用音樂來安慰身處相同困境的人們。我告訴他，其實在難民營裡，真的有很多人這樣做，而且這非常有效。接著，孩子們也反問我相同的問題。

我回答：「一件厚衣服，一雙堅固的鞋和可以購買SIM卡的現金，還有智慧型手機。必須帶著這些。」

如果成為難民，誰都想把最重要的東西帶在身上。但還是要先帶最大限度的現金和手機，再帶上自己覺得重要的東西。

任何人都可能成為難民啊

我與孩子們針對難民問題展開交流，其中有幾句令我印象特別深刻。一句是「我們的朋友旻赫……」，還有「任何人都可能成為難民啊」，他們把來自外國的旻赫視為朋友，為了幫助朋友挺身而出。這是非常重要的一點。難民不是不相干的他人，就算他們與我們素昧平生，語言和習俗也不同，但我們都是一起生活在這個地球村的人。而且，我們也隨時有可能成為難民，即便沒有戰爭、內戰，人類也可能陷入因自然災害導致的災難之中。

孩子們告訴我，起初聽聞濟州島的難民問題時，也就只是聽聽而已，也曾對葉門人心存疑慮。但認識旻赫之後，他們了解到難民問題就是自己的問題，為了幫助朋友，大家開始研究難民問題，發現自己了解到的知識與外界流傳的內容完全不同。這些知識引領孩子們度過最艱難的時刻。看到這些堅持自己認為對的事，並能付諸行動、戰勝困難的孩子，我佩服得五體投地。

與他們道別時，我說了幾句略顯老套的話。那是身為聯合國難民署親善大使的我最常講、也自認最重要的話——

「難民問題是人權問題，人權應該超越宗教和民族，人人平等，因此在難民問題上，不應有差別待遇。」

期盼一個更美好的世界

人權、和平與愛，這些看似理所當然的詞彙，有時卻令人困惑。在見過難民、接觸難民問題後，我更加感受到這些詞彙背後的意義有多珍貴。

身為親善大使，我要做的是把難民的實際處境告訴世人。雖然為了解決眼下的困境急需物資援助，但真正解決難民困境的方案仍是「和平」。沒有暴力和戰爭，就不會出現難民，所以為了爭取和平，從媒體聲量製造討論氛圍是我該努力的方向。

面對地球上的諸多紛爭、差別待遇和歧視言行，我們應該要思考「愛」的意義。如果以排他的態度看待不同人種、民族和宗教，我們如何對下一代說「你有資格獲得全世界的愛」、「去愛這個世界」呢？

參與聯合國難民署活動後，我常聽約翰．藍儂的〈Imagine〉。他唱著一個無國家、無宗教、無所有的世界，沒有這些就不會有殺害、憎惡與飢餓，所有人都能在這個世界和平共存。不管是他在創作這首歌的當下或現在，或許憧憬這種無國家、無宗教、無所有的世界，只是夢想家的一場夢。

但當我親眼目睹那些在無盡絕望中也不曾放棄希望、仍舊期盼早日重返故土的難民；守護在難民身邊，無私奉獻的聯合國難民署工作人員；來自世界各地的捐款；希望難民過更好的生活、早日返家的人們，我明白了約翰．藍儂不只是一個夢想家，他不是獨自一人。

我期盼著，期盼一個我們更加深愛、尊重彼此——一個更美好的世界。

推薦文／

一起看看他見到的一切

洪世和[11]

（尚萬強銀行長、「純樸的自由人」代表）

我很高興看到本書出版，正當我深切感受到韓國人對難民的不理解和排他意識應該有所改變時，本書的出現彷彿成為久旱後的一場甘霖。慢慢閱讀本書，可以看到身為聯合國難民署親善大使的作者誠懇、謙虛，毫不保留的道出自身體悟。

他寫道：「無論是誰，只要到難民營親眼見到那些難民，親耳聆聽他們的故事，就不會對於幫助他們這件事，和聯合國難民署所扮演的角色存疑，但並不是每個人都有這樣的機會。從這一點來看，我很幸運能夠見到他們，並擴充了自己對難民和難民問題的認知。

對我而言，維護難民的人權，給予他們人道援助，已經是毋庸置疑的命題。但我知道自己能擁有這樣的確信是因為有過特別的經歷，也有過一段充分的時間去感受，我告誡自己，不該把這種想法輕率的強加於他人。我們現在需要的，是彼此能充分交流，所以我希望這本書可以成為交流的一部分。」

事實上，現今的韓國人非常缺乏與難民相處的經驗，也對過往歷史中失去國家、淪為殖民地百姓和戰爭難民的先人缺乏正確認知，導致今日對難民的膚淺思考。而從書名「若你也看見我所見到的一切[12]」，就能感受到鄭雨盛先生流露的惋惜之情。

---

11 韓國作家、社會運動家和媒體人。一九七九年因政治因素流亡法國，在法期間寫下《我是巴黎的計程車司機》而出名，二〇〇二返韓。

12 本書原文書名「내가 본 것을 당신도 볼 수 있다면」，直譯為「若你也看見我所見到的一切」，此處為突顯內文原意，故保留原文書名直譯。

我在法國以難民身分生活了二十年，每當聽到前往韓國的難民故事時，都會問他們：「為什麼不去歐洲或加拿大，而選擇了韓國？」身為難民的我算是很幸運的，因為負責審查我難民資格的地方，是隸屬法國外交部的「法國難民保護局[13]」。韓國與法國不同的是，審查難民資格的工作歸屬法務部。為什麼會不一樣呢？端看這項工作的目的是基於「對難民的保護」還是「對難民的出入境管理和管制」之不同。

「難民資格申請者因種族、宗教、國籍、社會身分和政治觀點等理由，返回母國時是否存在受迫害的危險，是否由於內戰存在生命危險」，能夠確認以上內容的政府機關不是法務部，而是外交部。此外，為了能與難民申請者進行順暢溝通，也應該交由外交部負責相關工作。在韓國卻由法務部負責，這不就表示比起保護難民，更希望管制外國人的出入境。這難道不是在說，自己不願意接收難民嗎？

在這個世界上，幾乎沒有人會承認自己是種族主義者，卻處處充滿種族主義的言行。我們只用自己的雙眼觀察事物和現象，把異鄉人看作危險份子，其實是把自身投射在他人身上。難道我們沒有向陌生人投以過懷疑的目光嗎？對一無所有的陌生人，我們不但沒有停止懷疑的目光，甚至演變成排斥和憎惡的目光。

韓國社會更充斥著「GDP種族主義」，與白人組建的家庭稱為「國際化家庭」，與非白人組建家庭則被稱為「多元文化家庭」，尊敬GDP比我們高的國家的人，輕視GDP比我們低的國家的人，這種物質至上和種族主義，巧妙結合成「GDP種族主義」。

四年前，當韓國人看見躺在土耳其海邊的敘利亞兒童艾蘭·庫迪

---

13 OFPRA，全名為「法國難民及無國籍者保護局」。

時，都會產生惻隱之心。但假如他的父親和叔叔來到韓國，便會立刻被視為危險人物。印第安蘇族的祈禱文這樣寫道：「在沒有穿著對方的莫卡辛鞋走完一英里前，不要輕易判斷別人。」我們是否能夠換位思考，去看看那些毫無預期的來到這片土地的異鄉人呢？他們沒有錢、沒有工作、沒有住處、沒有親人，一無所有。他們是遺失了社會的社會動物……兩手空空的他們，還有什麼工作是做不來的？但我們仍不相信他們，我們是不是應該反躬自省一下呢？

法國政治、思想家雷吉斯・德布雷（Régis Debray）說過，政治是由「恐懼」和「希望」組成。既然如此，我們的人性是不是被長期對立的韓國政治狀態給破壞殆盡了？

作者也與亞洲中學那些幫助來自伊朗的旻赫的學生們見面，這些孩子之所以能擺脫對異鄉人的恐懼和偏見，是因為他們之間存在著友誼。反過來說，韓國的大多數人之所以把異鄉人看成威脅，甚至產生憎惡，都是源於對他們的不了解。這也正是本書書名讓人感到意味深長的原因。

我們或許都是這樣，遠處看燈火覺得溫暖，但當走近時，才發現所有的燈火都有自己的主人，大門卻緊閉深鎖，阻止他人靠近。異鄉人在遠方看到了這裡的燈火，前來卻發現溫暖漸漸消失，燈火是如此冰冷。

我希望能有更多人讀到這本書，是因為我相信，如果我們能將冷漠和憎惡的冰冷，轉換為寬容和親切的溫暖，我們的社會也會隨之變得更有溫度。我想分享一句法國哲學家伊曼紐爾·列維納斯（Emmanuel Lévinas）的話：「只有尊重他人的生命，建立起人性化的連結，才能克服『我』自身的局限性。」

UNHCR
The UN Refugee Agency

照片出處

2014 年 11 月　尼泊爾

©UNHCR/SEIHON CHO

2015 年 5 月　南蘇丹

©UNHCR/Rocco Nuri

2016 年 3 月　黎巴嫩

©UNHCR/Jordi Matas

2017 年 6 月　伊拉克

©UNHCR/Jordi Matas

2017 年 12 月　孟加拉

©UNHCR/Jordi Matas

2018 年 11 月　吉布地、馬來西亞

©UNHCR/Jordi Matas

2019 年 5 月　孟加拉

©UNHCR/Jordi Matas

走入戰火邊界，我所見的一切——鄭雨盛，與難民相遇／鄭雨盛 著. 胡椒筒 譯. -- 初版. – 臺北市：時報文化，2020.06；面；14.8×21 公分. --（VIEW：081）
ISBN 978-957-13-8170-1（平裝）
1.難民 2.報導文學

542.277 109004506

ISBN 978-957-13-8170-1
Printed in Taiwan

VIEW 081

走入戰火邊界，我所見的一切——鄭雨盛，與難民相遇

내가 본 것을 당신도 볼 수 있다면

作者 鄭雨盛 ｜ **譯者** 胡椒筒 ｜ **主編** 陳信宏 ｜ **副主編** 尹蘊雯 ｜ **美術設計** FE設計 ｜ **編輯總監** 蘇清霖 ｜ **董事長** 趙政岷 ｜ **出版者** 時報文化出版企業股份有限公司 108019 臺北市和平西路三段240 號 3 樓 發行專線—(02)2306-6842 讀者服務專線—0800-231-705．(02)2304-7103 讀者服務傳真—(02)2304-6858 郵撥—19344724 時報文化出版公司 信箱—10899臺北華江橋郵局第99信箱 時報悅讀網—www.readingtimes.com.tw 電子郵件信箱—newlife@readingtimes.com.tw 時報出版愛讀者—www.facebook.com/readingtimes.2 ｜ **法律顧問** 理律法律事務所 陳長文律師、李念祖律師 ｜ **印刷** 詠豐印刷有限公司 ｜ **初版一刷** 2020 年 6 月19日 ｜ **定價** 新臺幣 380 元 ｜ （缺頁或破損的書，請寄回更換）

時報文化出版公司成立於1975年，1999年股票上櫃公開發行，2008年脫離中時集團非屬旺中，以「尊重智慧與創意的文化事業」為信念。